Y.4411. Réserve.

Y.3135. chargé
±

Ye

LES OEVVRES DE
maistre Francoys Villon.

Le Dyalogue des seigneurs de
Mallepaye & Baillevent.

h. 11. v.° Epitaphe de Villon

    Scauta mon Col que mon Cul porte

J'ay trouué une ancienne piece de Poesie
dont Villon a imité ce vers
   . . . . . . sa goule sot
   Combien son Cul pesant li fu
Cette Piece est intitulée de Monstret de l'andouee.
fol. 77. du MS. de la Bib. du Roy N.° 7218.

Maistre François Villon jadis
Clerc expert en faits et en dis
Comme fort nouueau quil estoit
& a faire ce se delectoit
Fit a Paris son Testament
Duquel de ses biens largement
Ça et la a plusieurs donna
Et de son bon gré ordonna
Pour mieux bailler de ses sornettes
Qu'on donna toutes ses lunettes
Apres sa mort aux Quinze Vingts
Pourtant quils furent ses voisins.

    Eloy Damerual Ch. 68. de
      sa Deablerie.

VILLON.

E
N lan de mon trentiefme aage,
Que toutes mes hôtes ie beues
Ne du tout écores fol ne faige
Nōobſtāt maintes peines eues,
Lefquelles iay toutes receues
Soubz la main Thibault Daufigny.
Se euefque il eſt feignant les rues,
Quil foit le mien ie le regny.

Monfeigneur neſt ne mon euefque
Soubz luy ne tiens fil neſt en friche,
Foy ne luy doy ne hommage auecque
Ie ne fuis fon ferf ne fa biche,
Peu ma dune petite miche,   *donné*
Et de froide eaue tout vng eſte.
Large ou eſtroit moult me fut chiche
Tel luy foit dieu quil ma eſte.
Et fe aucun me vouloit reprendre,
Et dire que ie le maudit,
Non fais fe bien le fcet entendre,
Et rien de luy ie ne mefdis.

a.ii.

M. FRANCOYS

Voyci tout le mal que ien dis,
Sil ma este misericors,
Iesus le roy de paradis
Tel luy soit a lame & au corps.
Sil ma este dur & cruel,
Trop plus que ie ne le racompte
Ie vueil que le dieu eternel
Luy soit donc semblable a ce compte.
Car lesglise nous dit & compte,
Que prions pour noz ennemis.
Ie vous diray, iay tort & honte,
Tous ses faictz soient a dieu remis.
    Si priray dieu de bon cueur
Pour lame du bon feu Colart, Cotart
Mais quoy ce sera donc par cueur,
Car de lire ie suis fetart,
Priere feray de picart,
Sil ne le scait voise laprandre,
Sil men croit ains quil soit plus tard,
A Donay, ou a Lille en Flandre.

VILLON.

Combien fil veult quon prie
Pour luy, foy que doy mon baptefme,
Oftant que chafcun ne le crie,
Il ne fauldra pas a fon efme.
Au pfaultier prés quát fuis a maifme,
Qui neft ne beuf ne cordouen.
Le verfet efcript le feptiefme,
Le pfeaulme Te deus laudem.

Si prie au benoift filz de dieu,
Qua tous mes befoings ie reclame,
Que ma poure ame ait lieu,
Vers luy de qui tiens corps & ame.
Qui me preferue de maint blafme,
Et franchit de ville puiffance.
Loue foit il & noftre dame,
Et Loys le bon roy de France.

Auquel doint dieu lheur de Iacob
Et de Salomon lhonneur & gloire,
Quant de proeffe il en à trop,
De force auffi par mame voire,

a. iii

M. FRANCOYS

En ce monde cy transitoire,
Tant quil a de long & de le,
Affin que de luy soit memoire,
Viure autant que Mathieu sale.
  Et douze beaulx enfans tous malle
Voire de son trescher sang royal,
Aussi preux que fut le grant Charles
Conceuz au ventre virginal.
Bons comme fut sainct marcial.
Ainsi en prengne au bon daulphin,
Ie ne luy souhaite aultre mal:
Et puis paradis a la fin.
  Pource que foyble ie me sens,
Trop plus de biens que de sante,
Tant que ie suis en mon plain sens,
Si peu que dieu men a preste,
Car dautres ne lay emprunte,
Iay ce testament treseftable
Faict de derniere voulente,
Seul pour tout & inreuocable.

VILLON.

Escript lay, lan soixante & yng,
Que le bon roy me deliura
De la dure prison mehum,
Et que vie me recouura,
Dont suis tant que mon cueur viura,
Tenu vers luy me humilier,
Ce que feray tant quil mourra.
Bien faict ne se doibt oublier.

 Or est vray quapres plains & pleurs
Et angoysseux gemissemens,
Apres tristesses & douleurs,
Labeurs & griefz cheminemens,
Trauaille mes lubres sentemens,
Aguisez, rondz comme vne pelotte,
Monstrent plus que les communs,
En sens moral de Aristote.
Combien que au plus fort de mes maulx
En cheuauchant sans croix ne pille,
Dieu qui les pellerins Desmaulx
Conforta se dist leuangille,

Me monstra vne bonne ville,
Et pourueust du don desperance,
Combien que le pecheur soit vile,
Rien ne hait que perseuerance.
Ie suis pecheur ie le scay bien,
Pourtant dieu ne veult pas ma mort,
Mais que me conuertisse & viue bien.
Et tout aultre que peche mort,
Combien que en peche soye mort,
Dieu vit & sa misericorde.
Et se conscience me remort,
Par sa grace pardon macorde:
Et comme le noble rommant
De la rose dit & confesse
En son premier commencement,
Quon doibt ieune cueur en ieunesse
Quant on le voit vieil en vieillesse
Excuser: helas il dit veoir.
Ceulx qui donc me font telle oppresse
En meurete me vouldroyent veoir.

VILLON.

Se pour ma mort le bië publicque
Daucune chose vaulsist mieulx,
A mourir comme vng home inicque
Me iugeasse, ainsi maist dieux
Bien ne fais a ieunes ne vieulx,
Soyent perilz ou soyent en biere
Les montz ne bougent de leurs lieux,
Pour vng poure nauant narriere.
Au temps que Alexandre regna,
Vng hóme nommé Diomedes,
Deuant luy on luy admena
Esguillonne poulce & doigs,
Comme vng larron, car il fut des
Escumeurs que voyons courir.
Si fut mis deuant les cades,
Pour estre iuger a mourir.
 Lempereur si larraisonna,
Pourquoy es tu larron de mer?
Lautre responce luy donna,
Pourquoy larron me faitz nommer?

M. FRANCOYS

Pource que on me veoit escumer,
En vne petite fuste.
Sicomme toy me peusse armer,
Comme toy empereur fusse.
  Mais que veulx tu de ma fortune,
Contre qui ne puis bonnement
Qui si durement me fortune,
Et me vient saisir si rudement,
Excuse moy aucunement,
Et sachez que a grant pourete
Ce mot dit communement,
Ne gist pas trop grant loyaulte.
  Quant lempereur eut remire
De Diomedes tout le dit,
En sa fortune se mire,
Mauuaise & bonne se luy dit,
Si fist il, oncque puis ne mesdit
A personne: mais fut vray homme.
Valere pour vray faict recit,
Qui fut nomme le grant a Romme.

VILLON.

Se dieu meuſt donne rencontrer,
Vng aultre piteux Alexandre,
Qui meuſt en bon cueur faict entrer,
Et qui meuſt veu condeſcendre,
A mal eſtre ars & en cendre,
Iuge me fuſſe de ma voix,
Neceſſite faict gens meſprendre,
Et faict faillir le loup du boys.

Ie plains le tēps de ma ieuneſſe,
Auquel ay plus quautre temps galle,
Iuſques a lentree de ma vieilleſſe,
Qui ſon partement ma celle,
Il ne ſen eſt a pied alle
Ne a cheual, las comment don?
Soubdainement ſen eſt volle,
Et ne ma laiſſe quelque don.

Elle ſen va & tu demeure,
Poure de ſens & de ſcauoir,
Triſte, failly, plus noir que meure,
Ie nay ſens, rente ne auoir.

M. FRANCOYS

Des miens le moindre ie dy voir.
De me sauourer sauance,
Sens & naturel debuoir,
Par faulte dung peu de cheuance.
 Si ne sens auoir despendu,
Par friandise ne par lescher,
Par trop aymer nay riens vendu,
Quamis me sceussent reprocher.
Aumoins qui leur couste trop cher,
Ie le dis & ne craint mesdire,
De ce ne me puis reuencher,
Qui na mal faict ne le doit dire.
 Bien est veoir que iay ayme,
Et iay meroie voulentiers,
Mais triste cueur, ventre affame,
Qui nest rassasie au tiers,
Me oste des amoureux sentiers,
Au fort quelcung sen recompense
Qui est remply sur les chantiers,
Car de la pance vient la dance.

M. FRANCOYS

Lors sil ny a nul bout quil saille
Soubdainement il le rauist.
Si ne crains plus que rien massaille,
Car a la mort tout assouuist.

    Ou sont les gracieulx gallans,
Que suiuoye au temps iadis,
Si bien parlans, si bien chantans,
Si plaisans en faictz & en dictz?
Les aucuns sont mors & roydis,
Deulx nest plus rien maintenant,
Repos ayent en paradis,
Et dieu sauue le demeurant.

    Et les aultres sont deuenus,
Dieu mercy gras seigneurs & maistres
Les aultres mendient tous nudz,
Et pain ne voyent quaux fenestres.
Les aultres sont entrez aux cloistres
Des Celestins & des Chartreux,
Bottez, housez com pescheurs doy-
Voyez lestat diuers entre eulx. (stres,

VILLON

He dieu se ieusse estudie
Au temps de ma ieunesse folle,
Et a bonnes meurs dedie,
Ien eusse maison, couche molle,
Mais quoy ie fuioye lescolle
Comme faict le mauluais enfant
En escripuant ceste parolle,
A peu que le cueur ne me fend.

Le dit du saige est beau ditz
Et fauorable & bien en puis mes,
Qui dit esiouys toy mon filz,
Et ton adolescence metz
Ailleurs, sert bien dung aultre metz,
Car ieunesse adolescence,
Cest son parler ne moins ne metz,
Ne sont quabus & ignorance.

Mes iours sen sont allez errant,
Comme le bon Iob dune touaille,
Sont les filletz dung tixerrant
Et en son poing ardente paille.

VILLON.

Aux gras maistres dieu doint bien
Viuant en paix & en recoy, (faire,
En eulx il nya que refaire,
Si fen fait bon taire, pourquoy.
Mais aux aultres qui nont dequoy,
Comme moy dieu doint patience.
Aux aultres ne fault qui ne quoy,
Car assez ont pain & pitance.

Bons vins souuent embrochez,
Saulces, brouetz, & gras poissons,
Tartes, flans, oeufz pochez,
Et perdriz en toutes saisons.
Pas ne ressemblent les massons,
Que seruir fault a si grant seruice.
Iz nen veullent nulz eschancons,
De soy vexer chascun se imminsce.
En cest incident me suis mis,
Qui de rien ne sert a mon faict.
Ie ne suis iuge ne commis,
Pour pugnir ne absouldre meffaict.

M. FRANCOYS

De tous suis le plus imparfaict,
Loué soit le doulx Iesuchrist,
Que par moy leur soit satiffaict,
Ce qui est icy escript.

Laissons le monstier la ou il est,
Parlons de chose plus plaisante,
Ceste matiere a tous ne plaist.
Ennuyeuse & desplaisante
Pourete chagrine & dolente,
Tousiours despite & rebelle
Dit quelque parolle cuysante.
Selle nose si le pense elle.

Poure ie suis de ma ieunesse,
De pourete & de petit extrace.
Mon pere neut onc grant richesse,
Ne son ayeul nommé race,
Pourete tous nous suyt & trace.
Sur le tombeau de mes ancestres,
Les ames desquelz dieu embrasse,
On ny veoit couronne ne ceptres.

VILLON.

De pourete me guermentant,
Souuentesfoys me dit le cueur,
Homme ne te douloufe tant,
Et ne demaine tel douleur
Se tu nas tant que Iacques cueur.
Mieulx vault viure soubz gros barre- (aulx,
Que dauoir este seigneur,
Et pourry soubz riches tombeaulx.

Quauoir este seigneur, que ditz
Seigneur lasse ne lest ikmais
Selon les anticques ditz,
Son lieu ne congnoist iamais.
Quant du surplus ie men demetz,
Il nappartient a moy pecheur.
Aux theologiens le remetz:
Car cest office de prescheur.

Si me suis bien considere
Filz dange portant dyademe,

b. i.

De telle ne daultre sidere.
Mon pere est mort dieu ait lame,
Quant est du corps il gist soubz lame.
Ientens que ma mere mourra,
Elle le scait bien la poure femme,
Et le filz pas ne demoura.

    Ie congnoys que poures & riches,
Saiges & folz, prebstres & laiz,
Nobles, vaillans, larges, & riches.
Petis, grans, beaulx, & laitz,
Dames a rebrassez colletz,
De quelconque condition,
Portans atours bourreletz,
Mort saisist sans exception.

    Et mourut Paris & Helaine,
Quiconque meurt cest a douleur.
Celuy qui pert vent & alaine,
Son fiel se creue sur son cueur.

VILLON.

Puis sus, dieu quelle sueur.
Et nest qui de ses maulx la lage:
Car enfans na frere ne seur
Qui lors vousist estre son pleige.

La mort le fait fremir, pallir,
Le nez corbe les veines tendre,
Le corps enfle la chair mollir,
Ioinctes & nerfz croistre & estendre.
Corps feminim qui tant est tendre
Poly, soues si gracieux,
Fauldra il a ces motz entendre?
Ouy, ou tout vif aller es cieulx,

Ballade.

D Ictes moy ne en quel pays
Est Flora la belle Romaine.
Archipiada ne Thays,
Qui fut sa cousine germine?

b.ii.

M. FRANCOYS

Echo parlant quant bruit on maine,
Dessus riuiere ou sur estang,
Qui beaulte est plus que humaine.
Mais ou sont les neiges dantan?

 Ou est la tressaige Helloys,
Pour qui fut chastre & puis moyne,
Pierre esbaillat a sainct Denis,
Pour son amour eut tel essoine.
Semblablement ou est la Royne?
Qui commenda que Buridam
Fust gette en vng sac en Seine?
Mais ou sont les neiges dantan?

 La Royne blanche cõme vng lys,
Qui chantoit a voix de Seraine,
Berthe au grand pied, Bietrix, Alix,
Harembouge qui tint le Maine,
Et Iehanne la bonne Lorraine,
Que Angloys brusleret a Rouen?

VILLON.

Ou sont ilz vierge souueraine?
Mais ou sont les neiges dantan?

 Princes nenquerez de sepmaine
Ou ilz sont de cest an.
Qua ce refrain ne vous remaine.
Mais ou sont les neiges dantan?

Ballade.

 Qui plus est le tiers Calixte
Dernier decede de ce nom,
Qui quatre ans tint la papaliste.
Alphonce le Roy Daragon,
Le gratieux duc de Bourbon,
Et Artus duc de Bretaigne.
Et Charles septiesme le bon,
Mais ou est le preux Charlemaigne?

 Semblablement le roy Scotice,

M. FRANCOYS

Qui demy face auoit, ce dit on,
Vermeille comme vne esmatice,
Depuis le fronc iusques au menton.
Le roy de Cypre de renom.
Helas & le bon roy Despaigne,
Duquel ie ne scay pas le nom?
Mais ou est le preulx Charlemaigne?

Den plus parler ie men desiste,
Le monde nest quabusion,
Il nest qui contre mort resiste,
Ne qui trouue prouision.
Encore fais vne question,
Lancelot le bon roy de Behaime,
Ou est il ou est son tayon?
Mais ou est le preux Charlemaine?

Ou est Guesclin le bon Breton?
Ou est le conte daulphin Dauuergne?
Et le bon duc Dallencon?

VILLON.

Mais ou est le preux Charlemaigne?

Aultre ballade.

Mais ou sont les bons apostolles
Daubes vestus demy tressez
Qui sont seintz de sainctes estolles,
Dont par le col sont emauffez ?
Du mal talent tout eschauffez,
Aussi bien meurt filz que marchans,
De ceste vie sont boutéz.
Autant en emportent les vens.

Voire ou soit de Constantinoble,
Lemperiere aux pointz dorez,
Ou de France le roy tresnoble,
Sur tous autres roy decorez,
Qui pour le grant dieu adorer,
Vestist esglises & couuens,
Sen son temps fut à honnnrer,

M. FRANCOYS

Autant en emportent les vens.

  Ou sont de Viéne ou de Grenoble
Le Daulphin le preux & le Senez,
Ou de Dyon, Sallins & Dolle,
Le pere & le filz aisnez
Ou autant de leurs gens priuez?
Heraulx Trompettes poursuyuans,
Ont ilz bien boute soubz le nez,
Autant en emportent les vens.

  Princes sont a mort destinez,
Et nous aultres qui sommes viuans,
Si sont courroucez ou atenez,
Autant en emportent les vens.
  Puis que papes, roys, filz de roys,
Et conceuz en ventres de meres,
Sont ensepuelis mors & froitz,
En aultruy main passent les regnes,
Moy poure mercerot de Resnes,

VILLON.

Mourray ie point?ouy ce dieu plaist.
Mais que iaye fait mes estraines,
Honneste mort ne me desplaist.

Le monde nest perpetuel,
Quoy que pense riche paillart coustel
Tous sommes nez soubz mortel,
Et confort prent poure vieillart,
Lequel destre plaisant raillart,
Eust le bruit lors que ieune estoit.
On tiendroit a fol & paillart,
Se veillart railler se metoit.

Or luy conuient il mendier,
Car a ce force le contraint.
Requier huy la mort ethier,
Tristesse son cueur si estraint,
Se souuent nestoit dieu quil craint,
Il feroit vng horrible fait.
Il aduient quen ce dieu enfraint,

M. FRANCOYS
Et que luy mesme se deffait.

 Car en ieunesse il fut plaisant,
Ores plus rien ne dit quil plaise,
Tousiours vieil cinge est desplaisant:
Chose ne fait qui ne desplaise,
Sil se taist affin quil complaise
Il est tenu pour fol recreu:
Sil parle, on luy dit quil se taise,
Et quen son prunier na pas creu.

 Et ces poures famelettes,
Qui vieilles sont, & nont dequoy,
Quant voient ces ieunes pucelettes
Estre en aise & en requoy,
Elles demandent a dieu pourquoy
Si tost naquirent, ne a quel droit,
Tout le monde sen test tout quoy,
Car au tencer on le perdroit.

VILLON.

COMMENT VILLON
voit a son aduis la belle Heaumie-
re en soy complaignant.

A
 Duis mest que ioy regreter
 La belle qui fut Heaumiere,
 Et parler en ceste maniere.

Ha vieillesse felonne & fiere,
Pourquoy mas si tost abatue?
Qui me tient que ie ne me fiere,
Et que a ce coup ne me tue?

 Tollu mas ma haulte franchise,
Que beaulte mauoit ordōne
Sur clercz marchans ou gens deglise,
Car lors il nestoit homme ne
Qui tout le sien ne meust donne,
Quoy il en soit des repentailles:
Mais que luy eusse abandonne,

Ce que refusent truandailles.

    A maint homme luy reffuse,
Qui nestoit a moy grant sagesse
Pour lamour dung garson ruse,
Auquel en fis grande largesse.
Or ne me faisoit que rudesse,
Et par mame ie laimoye bien,
Et a qui que fisse caresse,
Il ne maimoit que pour le mien.

    Or ne me sceut tant detraigner,
Fouller aux piedz que ne laimasse,
Et meust il fait les rains trainer,
Sil meust dit que ie le baisasse,
Que tous mes maulx ie noubliasse.
Le glouton de malentache,
Membrassoit ien suis bien plus grasse,
Que men reste il honte & peche.
    Or il est mort passe trente ans,

VILLON

Et ie remains vieille & chenue.
Quant ie pense la au bon temps,
Et que me regarde toute nue,
Nulle ne suis ie deuenue,
Et ie me vois si treschangee,
Poure, seiche, maigre, menue,
Ie suis presque toute enraigee.

Quest deuenu le fronc polly,
Les cheueulx blondz, ces cheueulx
voultifz,
Le corps & le regard ioly,
Dont prenoye les plus subtilz.
Le beau nez, grant ne petis,
Les petites gentes oreilles,
Menton fourchu cler, vis traictis,
Et ces belles leures vermeilles?

Ses gentes espaulles menues,
Ses bras longs & ses mains traitisses?

M. FRANCOYS

Petis tetins & blanches charnues,
Esleues, propres & faictisses,
A tenir amoureuses lices,
Ses larges rains, le sadinet
Assis sus grosses fermes cuisses,
Dedans son ioly iardinet.

Le fronc ride les cheueulx gris,
Les sourcilz cheuelez, les yeulx estains
Qui faisoient regars & ris
Dõt maintz marchãs furent attaintz,
Nez courbez de beaulte bien loingz,
Oreilles pandantes moussues,
Ce vis pally mort & destains
Menton fourcheu, leures fendues.

Cest dhumaine beaulte lyssue,
Les bras cours & les mains cõtraintes
Les espaulles toutes boussues,
Mamelles quoyetoutes restraintes.

VILLON.

Telles hanches que les telles
Du sadinet, fy quant des cuysses,
Cuisses ne sont plus, mais cuissettes,
Griuellees comme saucisses.

 Ainsi le bon temps regretons,
Entre nous poures vieilles sottes,
Assises bas acropetons,
Tout en vng taz comme vne pellotte,
A petit feu de cheneuotte,
Tost allumees & tost estainctes,
Ainsi en prent a maint & a maintes.

 Aultre ballade.
Or ny pense plus belle gantiere,
Qui mescolier souliez estre.
Et vous blanche la sauetiere,
Or est il temps de vous cognoistre,
Prenez a dextres & a senestre,
Nespargnez homme ie vous prie:

M. FRANCOYS

Car vielles nont ne cours ne estre,
Neque monnoye quon descrie.

 Et vous la gente saulcissiere,
Qui de dancer estes a dextre.
Guillemette la tapissiere,
Ne mesprenez vers vostre maistre,
Tost vous fauldra clorre vostre aistre,
Quant deuiendrez vieille flestrie
Plus ne seruirez qung vieil prebstre.
Neque monnoye quon descrie.

 Ianeton la chapperonniere,
Gardez quennuy ne vous empestre.
Izatherine la belle bouchere,
Nenuoyez plus les hommes paistre,
Car qui belle nest ne peult estre.
Leur malle grace mais leur rie,
Layde vieillesse amour nempestre
Neque monnoye quon descrie.

VILLON.

Filles vueilliez vous entremettre
Descouter pourquoy pleure & crie,
Pource que ne puis remede y mettre,
Neque monnoye quon descrie.

Ceste lecon icy leur baille
La belle & bonne de iadis,
Bien dit on mal, vaille que vaille,
En grans regretz iay fait ces dictz,
Par mon clerc Fremin lestourdis,
Aussi rassis comme ie pense estre.
Sil me desment ie le mauldtiz,
Selon le clerc est deu le maistre.

Si apparcoy le grant dangier
Ou lhomme amoureux se boutte,
Et qui me vouldroit le danger
De ce mot en disant escoute,
Se damer destrange & reboutte,
Le barat de celles nommees,
c. i.

M. FRANCOYS

Tu scais bien qune folle doubte,
Car ce sont femmes diffamees.

  Silz nayment fors que pour argēt,
On ne les ayme que pour lheure.
Rondement ayment toute gent,
Et tient quant lors bource pleure,
Et celles cy on en recueuure.
Mais en femmes dhonneur & nom,
Franc homme se dieu me sequeure,
Se doit employer ailleurs non.

Ie prens quaucuns dient cecy,
Silz ne men compete il en rien,
En effaict ie conclus ainsi
Et ie le cuyde entendre bien,
Quon doit aymer en lieu de bien.
Assauoir mon si ces fillettes,
Quen parolles tousiours tien,
Ne furent ilz femmes honnestes?

VILLON.

Honnestes si furent vrayement,
Sans auoir reproches ne blasmes.
Si est vray quau commencement,
Vne chascune de ces femmes,
Lors prinssent ainsi queussent fermes,
L'une vng clerc vng lay, laultre moyne
Pour estaindre damour les flammes,
Plus chauldes que feu sainct Antoine
Or firent selon le decret
Leurs amys & bien appert,
Ilz aymoyent en lieu secret,
Car aultres queulx ny auoyent part,
Toutesfoys cest amour se depart,
Car celle qui nen a qun,
Diceluy seslongne & depart,
Et ayme mieulx aymer chascun.

Qui sesmeut a ce ymaginer,
Sans lhonneur des dames blasmer,
Que cest nature feminine,

M. FRANCOYS

Que tous viuans vueillent aymer,
Aultre chose ne fault aymer
Fors quon dit a Reins & a Troys
Voir a Lisle, a sainct Omer,
Que six ouuriers font plus que troys.

 Or ont les folz amans le bont
Et les dames prins la vollee,
Cest le droit loyer quamours ont,
Toute foy, y est violee.
Quelque doulx baiser nacollee,
De chiens doyseaux darmes damours
Chascun le dit a la vollee,
Pour vng plaisir mille doulours.

 Triple balade.

 Pource aymez tãt que vous voul-
Suyuez assemblees & festes, (drez,
Et si ia mieulx nen vauldrez,

VILLON.

Et ny rompez que voz testes.
Folles amours font les gens bestes,
Salomon en ydolatra,
Sanson en perdit ses lunettes,
Bien heureux est qui rien ny a.

Orpheus le doulx menestrier,
Iouant de fluttes & musettes,
En fut en dengier de meurtrier.
Chien Cerberus a troys testes,
Et Narcissus le bel honneste
En vng parfond puys se noya,
Pour lamour de ses amourette.
Bien heureux est qui rien nya.

Sardana le preux cheualier,
Qui conquist le regne des Crettes,
En la fin luy conuint filler,
Et le firent les pucelettes.
Dauid le roy saige prophete,

M. FRANCOYS

Crainte de dieu en oublia,
Voyant lauer cuyſſes bien faictes.
Bien heureux eſt qui rien ny a.

    Aomon veult deſhonnorer
Faignant manger des tartelettes,
Sa ſeur Thamar et defflorer,
Qui fiſt inceſtes deſhonneſtes.
Herodes pas ne ſont ſornettes,
Sainct Iehan baptiſte en decolla
Pour dences, faulx & chanſonnettes.
Bien heureux eſt qui rien ny a.

    De moy poure ie vueil parler,
Ie fus batu com a rontoilles
Tout nud, ie ne le puis celer,
Qui me fiſt maſcher les groyſelles,
Fors Izatherine de Vauſelles,
Noe le tiers eſt qui fut la,
Maintes a ces nopces telles.

VILLON.

Bien heureux est qui rien nya.

   Mais que ce ieune bachelier
Laissat ces ieunes bachelettes,
Non fera, & le deust on vif brusler,
Côme vng cheuaucheur descouuettes
Plus doulce luy sont que siuettes,
Mais touteffoys fol si fia,
Soyent blanches soyent brunettes,
Bien heureux est qui rien nya.

   Si celle que iadis seruoye,
De sy bon cueur & loyaulment,
Dont tant de maulx & grief iauoye,
Et souftroye tant de tourment,
Se dist meust au commencement,
Sa voulente mais nenny las,
Ieusse mis peine certainement,
De moy retraire de ce las.
Quoy que luy voulsisse dire,
                     c. iiii

M. FRANCOYS

Elle estoit preste descouter,
Sans maccorder ne contredire,
Qui plus est souffroit escouter,
Ioignant delle pres sacouter,
Et ainsi malloit amusant,
Et me souffroit tout racompter,
Mais ce nestoit quen mabusant.

Abuse ma & faict entendre,
Tousiours dũg que cestoit vng aultre.
De farine que cestoit cendre,
Dũg mortier vng chappeau de feaul-
De vieil maschefer que peaultre, (tre
Dembesars que ce fussent ternes,
Tousiours trõpeur a aultruy en gaul-
Et rend vessies pour lãternes.　(tre,

Du ciel vne poisle darin
Des nues vne peau de veau,
Du matin questoit le serin,

VILLON.

Dung trognon de chou vng naueau,
Dorde ceruoyse vin nouueau,
Dune truye vng moullin auant,
Et dune haye vng escheueau,
Dung gros abbe vng poursuyuant.

   Ainsi mont amours abuse,
Et pourmene dhuys en pelle.
Ie croy que homme nest si ruse,
Fut fin comme argent de coepelle,
Qui ne laissast linge drapelle,
Mais quil fust ainsi manie
Comme moy qui par tout mapelle
Lamant remis & regnie.

   Ie regnie amours & despite
Et deffie a feu & a sang.
Mort par elle me precipite,
Et ne leur en chault pas dung blanc.
Ma vielle ay mis soubz le banc,

M. FRANCOYS

Amans ne fuyuray iamais,
Se iadis ie fus fur leur ranc,
Ie declaire que nen puis mais.

    Car iay mis le plumail au vent,
Or le fuyue qui attente,
De ce me fuiz dorefnauant,
Car pourfuyure vueil mon entente,
Comme damours ou fe mefdire,
Cefte parolle les contente,
Qui meurt a fes hoirs doit tout dire.

Ie congnoys approcher ma foif,
Ie crache blanc comme cotton,
Iacopins gros comme vng oeuf,
Queife a dire quoy, Iehanneton
Plus ne me tiens pour vng valeton,
Mais pour vng vieil rufe regnart,
De vieil porte voix & le ton,
Et ne fuis qung ieune coquart.

VILLON.

Dieu mercy & Iacquet Thibault,
Qui tant deaue ma faict boire,
En vng bas lieu non pas en hault,
Mangier dangoysse maintes poires,
Enferre quant ien ay memoire,
Ie prie pour luy & reliqua,
Que dieu luy doint & voire voire,
Ce que ie pense & cetera.

Touteffoys ie ny pense mal,
Pour luy & pour son lieutenant,
Aussi pour son official,
Qui est plaisant & aduenant,
Que faire nay du remenant,
Mais du petit maistre Robert.
Et saulcun interrogue comment,
Ie lay ayme tout dung tenant,
Ainsi que faict dieu le Lombart.

Si me souuient bien dieu mercis,

M. FRANCOYS

Que ie fis a mon partement
Certains laitz lan cinquante & six:
Quaucuns sans mon consentement
Vouleurent nommer testament.
Leur plaisir fut,& non le mien,
Mais quoy, on dit communement,
Que chascun nest maistre du sien.

 Et se ainsi nestoit que aucun neust
Receuz les laitz que ie cōmāde, (pas
Je veulx quapres mon trespas,
A mes hoirs on face demande
De mes biens vne plaine mande,
Moreau prouis, Robin turgis,
De moy dicte que ie leur mande,
Quilz ont eu iusques au lict ou ie gis.

 Pour les reuoquer ne le dis,
Et y couruſt toute ma terre,
De pitie me suis refroidis,

VILLON.

Enuers le baſtard de la barre.
Parmy troys glyons de feurre,
Ie luy donne mes vieilles nattes,
Bonnes feront pour tenir ſerre,
A ſoy ſouſtenir ſur les pates.

  Somme plus ne diray qung mot,
Car commence veuil a teſter
Deuant mon clerc Fremin qui mot,
S'il ne dort ie vueil proteſter,
Et de maint homme deteſter,
En ceſte preſente ordonnance,
Et ne la vueil manifeſter,
Sinon au royaulme de France.
Ie ſens mon cueur qui ſaffoibliſt,
Et plus ie ne puis papier,
Fremin ſiez toy pres de mon lict,
Que lon ne me vueille eſpier,
Prens encre pleume & papier,
Ce que nomme eſcripz viſtement,

Puis fais le par tout copier.
Et vecy le commencemet,

 Au non de dieu pere eternel,
Et du filz que la vierge produit,
Dieu a u pere coeternel
Ensemble & le sainct esperit,
Qui sema ce que Adam perit.
Et du peri pare les cieulx,
Qui bien le croit pas ne perit.
Des gens mors ce sont petis ieulx.

 Mors estoient & corps & ames,
En dampnee perdition.
Corps pourris & ames en flames.
De quelque condition.
Touteffois fais exception.
Des patriarches & prophetes.
Car selon ma conception,
Oncques neurêt grât chaul aux fesses.

VILLON.

Qui vous diroit qui vous fait mettre
Si tresauant en ceste parolle,
Qui nestes en theologie maistre,
A vous est presumption,
Cest de Iesus la parabolle,
Touchant du riche ensepuely
En feu, nompas en couche molle,
Et du ladre dessoubz luy.

Se du ladre eust veu le doit ardre,
Ia neust requis refrigere,
Ne aultre au bout de ses doys a hardre
Pour refreschir sa machouere,
Pyons y seront mate chere,
Qui boiuent pourpoint & chemise,
Puis que boiture y est si chere,
Dieu nous en gard bourde ius mise.

M. FRANCOYS
CY COMMENCE LE
testament.

A
V nom de dieu cõme iay dit,
Et de sa glorieuse mere,
Sans peche soit parfait ce dit
Par moy plus maigre que chimere,
Se ie nay ne feu ne lumiere,
Ce ma faict diuine clemence.
Mais daultre dueil apart amere,
Ie men tais & ainsi commence,

Premier ie donne ma poure ame
A la benoiste trinite,
Et la commande a nostre dame,
Chambre de la diuinite.
Priant toute la charite,
Et les dignes anges des cieulx,
Que par eulx soit ce don porte,
Deuant le trosne precieulx.

Item mõ corps ie ordõne & laisse

VILLON.

A noſtre grant mere la terre,
Les vers ny trouueront grant greſſe,
Trop luy a faict fain dure guerre.
Or luy ſoit deliure grant erre,
De terre vint en terre tourne,
Toute choſe ſe par trop nerre,
Voulentiers en ſon lieu retourne.

   Item & a mon plus que pere
Maiſtre Guillaume de Villon,
Qui ma eſte plus doulx que mere,
Enfant eſleue de maillon,
Deiecte hors de maint bouillon,
Et de ceſtuy pas ne ſeſioye,
Ie luy requiers a genouillon,
Quil me laiſſe toute la ioye.

   Ie luy donne ma librairie,
Et le rommant du pet au diable,
Lequel maiſtre Guy Tablerie,

d. i.

M. FRANCOYS

Grossoya, quest homme veritable,
Les cayers dessoubz vne table,
Combien quil soit rudement fait,
La maniere est si tresnotable,
Quelle amende tout le forfait.

    Item donne a ma bonne mere,
Pour saluer nostre maistresse,
Qui pour moy eust douleur amere,
Dieu le scait & mainte tristesse,
Aultre chastel ou forteresse,
Nay ou retraire corps & ame,
Quant sur moy court malle destresse,
Ne ma mere la poure femme.

    Aultre ballade pour
sa mere.

    Ame des cieulx regente ter-
D   rienne,
    Emperiere des infernaulx palus

VILLON.

Recepuez moy voſtre hūble creſtiéne,
Que comprinſe ſoye entre voz eſleuz,
Ce nōobſtant quōques riens ne valus,
Les biens de vous ma dame & ma maiſtreſſe,
Sont trop plus grans que ne ſuis pechereſſe,
Soubz leſquelz biens ame ny peult querir,
N entrer es cieulx, point ne ſuis mantereſſe,
En ceſte foy ie vueil viure & mourir.

    A voſtre filz dicte que ie ſuis ſiéne
De luy ſoient mes pechez abolus,
Pardonnez moy cōme a Legyptiéne,
Ainſi que deliuraſtes Theophilus,
Lequel par vous fut quitte abſolus
Combien quil euſt au diable fait promeſſe,
Preſeruez moy que ne face ce.

M. FRANCOYS

Vierge me vouilliez impartir
Le sacrement quon celebre a la messe.
En ceste foy ie vueil viure & mourir.

 Femme ie suis vieille & ancienne,
Ne rié ne scay, oncques lettres ne leuz
Au moſtier vois dõt ie suis prochaine,
Paraiz voy ou sont harpes & lucz,
Enfer me fist ou sont dãpnez bouluz,
Lung me fist pour lautre ioye & liesse
La ioye auoir ne scay aultre liesse,
A qui pecheurs doiuét tous requerir
Combien de foy sans faintise proesse.
En ceste foy ie vueil viure & mourir.

 Vousportastes doulce vierge prin
 cesse
Iesus regnant, qui na ne fin ne cesse,
Le tout puissãt prenãt nostre foiblesse
Laissa les cieulx & nous vint secourir,
Offrit a mort sa treschiere ieunesse,

VILLON.

Noſtre ſeigneur eſt tel ie le confeſſe.
En ceſte foy ie vueil viure & mourir.

    Item a mamour ma chiere Roſe
Ne luy layſſe ne cueur ne foye,
Elle aymeroit aultre choſe,
Combien quelle a aſſez monnoye,
Quoy vne grant bourſe de ſoye,
Plaine deſcus parfonde & large,
Mais pendu ſoit il que ie ſoye,
Qui luy laiſſera eſcu ne targe,
Car elle en a ſans moy aſſez,
Mais de cela il ne men chault.
Mes grans deduitz en ſont paſſez,
Plus nen ay le cropion chault,
Ie men demetz aux hoirs Michault,
Qui fut nomme le bon ſur terre.
Priez pour luy factes vng ſault,
A ſainct Satur giſt ſoubz Sancerre.
                d. iii.

M. FRANCOYS

Ce nonobstant pour maquiter
Enuers amours plus quenuers elle,
Car oncques ne peuz acquester
Despoir vne seulle estincelle,
Ie ne scay se a tous est si rebelle
Qua moy, ce mest grant esmoy.
Mais par saincte Marie la belle,
Ie ne voy que rire pour moy.

    Ceste ballade luy enuoye
Qui se finist toute par re,
Qui la portera que gy voye,
Ce sera Perrinet de la Barre
Pourueu sil encontre en son erre,
Ma damoyselle au nez tortu,
Il luy dira sans plus enquerre,
Orde paillarde dont viens tu?

Villon.

Faulce beaulte qui tāt me couste cher,

VILLON.

Rude en effect, ypocrite douleur,
Amour dure plus que fer a macher,
Nommer te puis de ma façon seur,
Chercher sinon lamour dung poure
　　cueur,
Orgueil musse qui gētz met au mourir
Yeulx sās pitie neveult droicte rigueur
Sans empirer vng pouure secourir.

　　　Beaulte damours.

Mieulx eust vallu auoir este cercher
Ailleurs secours sceust este mon hon-
　　neur,
Riens ne meust sceu de ce lors harier,
Certes nen fusse fuy a deshonneur,
Haro haro le grant & le mineur,
Et quesse cy mourraige sās coup ferir?
Ou pitie veult selon ceste teneur,
Sans empirer vng poure secourir.
　　　　　　　　　d. iiii.

M. FRANCOYS

Vng temps viendra qui fera defsecher,
Iaunir, fleftrir voftre efpanie fleur.
Mourray ie fans qué fceuffe mafcher,
Mais nenny, ce feroit donc folleur,
Vieil ie feray, vous laide a douleur,
Or boy fort tant que tu peux courir,
Ne donne pas a tous cefte douleur,
Sans empirer, vng poure fecourir.

Prince amoureux des amans le meilleur,
Voftre malgre ne voldroye encourir
Mais franc cueur doit par noftre feigneur,
Sans empirer, vng poure fecourir.

Item a maiftre Ithier marchant,
Auquel mon blanc laiffe iadis
Donne, mais quil mette en chant

VILLON.

Celuy contenant es vers ditz,
Auec ce vng De profundis.
Pour ses anciennes amours,
Desquelles non ie ne mesditz,
Car il me hairroit a tousiours.
Mort iappelle de ta rigueur,
Qui mas ma maistresse rauie,
Elle nest pas encore assouuie,
Sy tu me tiens en ta langueur,
Onc puis neuz ne force ne vigueur,
Mais que nuysoit elle en vie?

   Mais.

Deux estoint & nauoyēt qūg cueur
Sil est mort force est que deuie
Voire ou que viue sans vie,
Comme les ymages par cueur.

   Mort &c.

Item a maistre Iehan Cornu,

M. FRANCOYS

Aultres nouueaulx laiz ie vueil faire,
Car il ma tousiours secouru
A mon grant besoing & affaire,
Pource le iardin luy transfere,
Que maistre Pierre le bourguignon,
Me renta en faisant refaire
Lhuys de derriere & le pignon.

Par faulte dung huys ie y perdis
Vng gretz & vng manche de houe,
Alors huyt faulcon non pas dix,
Ny eussent pas prins vne aloue,
Lhostel est seur, mais quon le cloue,
Pour enseigne ie y mis vng hauet,
Qui que lait prins point ne men loue,
Sanglante nuyt luy donne & bas ch(uet

Item donne a frere Denys,
Hinselin lescu de Paris,
Quatorze muys de vin daulnis,

VILLON.

Prins chez Turgis a mes perilz,
Sil en beuuoit tant que perilz,
En fust son sens & raison
Quon mette de leaue en barilz,
Vin pert mainte bonne maison.

Item donne a mon aduocat,
Maistre Guillaume Charuau,
Quoy quon marchande ou ait estat,
Mon bran ie me tais du forreau,
Il aura auec vng reau,
En change affin que la bource enfle,
Prins sur la chaussee & carreau
De la grant closture du Temple.

Item a mon procureur Fourrier,
Aura pour toutes coruees,
Simple sera de lespairgnier,
En ma bource quatre denrees,

M. FRANCOYS

Car maintes caufes ma fauuees.
Iuftes ainfi Iefuchrift mayde,
Comment telles fe font gardees,
Car bon droit fi a meftier dayde.

Item donne a maiftre Iacques
Raguier le grant godet de greue,
Pourueu quil poyfe quatre placque
Et deuft il vendre quoy quil griefue
Et dont en cueuure mol & greue,
Aller fans chauffes & chappin,
Tous les matins quant il fe lieue,
Au trou de la pomme de pin.

Item quant eft de mere de beuf,
Et Nicolas de Louuiers,
Vache ne leur donne ne beuf,
Car vachiers ne font ne bouuiers,
Mais gens a porter efperuiers,
Ne cuidez pas que ie me ioue,
Et pour prendre perdrix, plouuiers,

VILLON.

Sans fallir sur la masche-houe,

Item vienne Robert Turgis
Amoy, pour payer son vin,
Mais quoy si treuue mon logis,
Plus fort fera que le deuin.
Le droit luy donne descheuin,
Comme enfant ne de Paris,
Se ie parle vng peu poyteuin
Certes deux dames le mont aprins.

Filles sont tresbelles & gentes,
Demourans a sainct Genou,
Pres de sainct Iulien de vouentes,
Marchez de Bretaigne en poytou,
Mais ie ne dis proprement ou,
Or y pensez vous trestous
Car ie ne suis mye si fou
Ie pense celer mes amours.

M. FRANCOYS

    Item a Iehan raguier ie luy dõne,
Qui est sergent voire des douze,
Tant quil viura ainsi lordonne
Tous les iours vne talmouse,
Pour bouter & fourrer sa mouse
Prins a la table de bailly,
A mal boire sa gorge arrouse,
Car a menger na pas failly.

    Item au prince des sotz,
Pour vng bon sot Michault du four,
Qui a la fin dit des bons motz,
Et chante bien ma doulce amour.
Il aura auec ce bon iour,
Brief, mais quil fust vng peu a point,
Il est vng droit sot de ce iour,
Et est plaisant ou il ne lest point.

    Item aux vnze vingtz sergens
Donne, car leur faict est honneste,

VILLON.

Et sont bonnes & doulces gens,
Denys richer & Iehan valette,
A chascun vne grande cornette,
Pour pendre a leurs chappeaulx de
    feaultres,
Ientendz a ceulx de pied, hollete,
Car ie nay que faire des aultres.

  De rechef donne a Perrinet
Ientens le bastard de la Barre,
Pource quil est beau filz & net,
En son escu en lieu de barre,
Troys detz plombez de bonne terre,
Ou vng beau ioly ieu de cartes,
Mais quoy son loit vessir ne poirre,
En oultre aura les fiebures quartes.

  Item ne veulx plus que Choller
Dolle, ne trenche douue ne boyse,
Relie broc ne tonneller,
Mais tous ces hostilz châger voyse,

M. FRANCOYS

A vne espee lyonnoyse,
Combien que nayme bruyt ne noyse
Sil luy plaist vng tantinet,
Qui luy retienne le hutinet.

    Item ie donne a Iehan le Loup,
Homme de bien & bon marchant,
Pource quil est linge & flou
Et que Chollet est mal content,
Vng beau chienet couchant,
Quil ne lairra poullaille en voye,
Vng long tabart & bien couchant,
Pour les musser quon ne les voye.

    Item a lorfeuure du boys
Donne cent cloux queues & testes
De gingembre sarrazinoys,
Nompas pour remplir ces boystes,
Mais pour conioindre culz & coettes,
Et couldre iambons & endouilles,

VILLON.

Tant que le lait en monte es tettes,
Et le sang deuaile aux couilles.

 Au capitaine Iehan Riou,
Tant pour luy que pour ses archiers,
Ie donne six heures de lou,
Qui nest pas viande a porchiers,
Prins a gros mastins de bouchiers,
Et tinettez en vin de buffet.
Pour mãger de bõs morceaulx chiers,
On en feroit bien vng mal faict.

 Cest viande vng peu plus pesante
Que duuet, plume ne liege,
Elle est bonne a porter tante,
Ou pour vser en quelque siege.
Silz estoyent prins a vng piege,
Les mastins quilz ne sceussent courre,
Iordonne moy qui suis son iuge,
Que des poulx sur lhy uer sen fourre.

c.i.

M. FRANCOYS

    Item a Robinet Trouffecaille,
Qui eft en feruice de bien faict.
A pied ne va comme vne caille,
Mais fur vng roffin gros & refaict,
Ie luy donne de mon buffet,
Vne iacquette quen prunter nofe,
Si aura mefnaige parfaict:
Plus ne luy failloit aultre chofe.

    Item & a Perrot Girard,
Barbier iure au Bourc la Royne,
Deux baffins & vng quoquemard,
Puis qua gaigner met telle peine,
Des ans ya demy douzaine,
Qua fon hoftel de cochons gras
Mapatella vne fepmaine,
Tefmoing labeffe de Pourras.

    Item aux freres mandians,
Aux deuotes & aux beguines,

VILLON.

Tant de Paris que Dorleans,
Tant Turpelins que Turpelines,
De grasses souppes iacopine,
Et flans, leur fais oblation,
Et puis apres soubz les courtines
Parler de contemplation.

Se ne suis ie pas qui leur donne,
Mais du tout en sont les marys,
Et dieu ainsi les guerdonne,
Pour quilz seuffrent peines ameres.
Il fault quilz viuent les beaulx peres,
Et mesmement ceulx de Paris.
Silz font plaisirs a leurs commeres,
Ilz ayment ainsi leurs marys.

Quoy que maistre Iehã de Pailleu
En voulsist dire, le reliqua
Contraint & en publique lieu,
Honteusemeut se reuocqua.

M. FRANCOYS

Maistre Iehan de Meum sen mocqua
De leur facon, si fist Mathieu,
Mais on doit ignorer ce qua.
Et honnorer lesglise de dieu.

  Et si me submetz leur seruiteur
A tout ce que puis faire & dire,
A les honnorer de bon cueur,
Et seruir sans contredire.
Lhomme bien fol est den mesdire,
Car soit a part ou en prescher,
Ou ailleurs, il ne fault pas dire,
Si gens sont pour eulx reuencher.

  Item donne a frere Claude
Demourant en lhostel des Carmes,
Portant chere hardie & baulde,
Vne sallade & deux guisarmes,
Que les ribleurs gensdarmes,
Ne luy riblent sa cage verd.

VILLON.

Vieil est si ne se rend aux armes
Cest bien le diable de Vauuert.

 Item pource que le seelleur.
Maint estronc de mouche a mache,
Donne car homme est de valleur
Son seau dauantaige crache,
Et quil ait le poulce escache.
Par tout comprendre a vne voye,
Ientens celluy de leuesche,
Car les aultres dieu les pouruoye.

 Quant de messieurs les auditeurs,
Leur chambre auront lembroysee:
Et ceulx qui auröt les culz rongneurs
Chascun vne chaire persee,
Mais que la petite Macee
Dorleans qui eust ma ceinture,
Lamende soit bien haulte tauxee,
Car elle est mauuaise ordure.

M. FRANCOYS

    Itē donne a maistre Iehā Frācoys
Prometeur de la vaquerie,
Vng hault gorgerain Descossoys,
Toutessois sans orfaiuerie,
Car quant receut chevalerie,
Il maugrea Dieu & sainct George,
Parler nen oit qui ne rie,
  Comme enrage a plaine gorge.

    Item a maistre Iehan Laurés,
Qui a ses poure yeulx si rouge
Par les peches de ses parens,
Qui boiuent en barilz & courges,
Ie donne lenuers de mes bouges,
Pour tous les matins les torcher,
Sil fust esuesque de Bourges,
  Du cendal eust, mais il est cher.

    Item a maistre Iehan Colard
Mon procureur en court desglise,

VILLON.

Auquel dois encore vng patard,
Car a prefent bien men aduife,
Quant chicaner me fift Denife,
Difant que lauoye mauldicte,
Pour fon ame qui es cieulx foit mife,
Cefte oraifon ien ay efcripte.

Oraifon en forme de ballade.

Pere Noe qui plantaftes la vigne,
Vous auffi Iob qui beuftes au rocher
Per tel party quamours qui gés engi-
De voz filles fi vous fift aprocher (ne
Pas ne le diz pour vous le reprocher.
Architriclin qui bien fceut ceft art,
Tout troys vous prie que vuellez
   prefcher
Lame du bõ feu maiftre Iehã Cotart.

Iadis extraict il fut de voftre ligne,
Luy qui beuuoit le meilleur & plus
   cher,

Et ne deuſt il auoir vaillant vng pigne
Certes ſur tous eſtoit vng bon archer
On ne luy ſceut le pot des mains arra-
  cher.
De bien boire oncques ne fut fetart.
Nobles ſeigneurs ne voulez ēpeſcher,
Lame du bon feu maiſtre Iehā cotart.

   Comme homme vieil qui chancel-
  le & reprime,
Lay veu ſouuēt quēt il ſalloyt coucher
Et vne foys ſi ſe fiſt vne bigne,
Bien men ſouuiēt a leſtal dūg boucher
Brief ſon euſt ſceu en ce mōde ſercher,
Meilleur pyon pour boire toſt & tart,
Faictes enterrer quāt vous orrez buc-
  her,
Lame du bon feu maiſtre Iehā Cotart

   Prince il neuſt ſceu iuſques a terre
  cracher,

VILLON.

Tousiours crioit haro la gorge mart
Et si ne sceut onc sa soif estancher
Lame du bon feu maistre Iehā cotart

Item vueil que le conte merle,
Desormais gouuerne mon change,
Car de change enuis me mesle,
Pource que tousiours baille en chāge
Soit a priue ou a estrange,
Pour troys escus six brettes targes.
Pour deux angloys vng grant ange,
Amans si doiuent estre larges.

Item receu a ce voiage,
Ques mes troys poures orphelins,
Sont creust & deuiennent en aage,
Et nont pas testes de belins,
Et que enfans dicy a Salins,
Na mieulx iouans dung tour descolle,
Ou par lordre de Mathelins,

M. FRANCOYS

Telle ieunesse nest pas folle.

    Si veulx quilz voisent a lestude,
Ou sur maistre Pierre Richer.
Le donnest est pour moy trop rude,
Ie ne les y vueil empescher.
Ilz scauront ie layme plus cher,
Aue salus tibi mecus,
Sans plus grans lettres en cercher,
Tousiours nont pas clerz le dessus.

    Cecy estudient & puis ho.
Plus proceder ne leurs deffens,
Quant dentendre le grant Credo,
Trop fort il est pour telz enfans.
Mon long tabart en deux sens,
Si vueil que la moitie se vende,
Pour leur achepter des flans,
Car ieunesse est vng peu friande.

    Et veulx quilz soient informez

VILLON.

En meurs, quoy que couste basture.
Chapperons auront enfoncez,
Et les poulces soubz la ceinture,
Humbles a toute creature,
Disant hau?quoy?il nen est rien?
Si diront gens par aduenture,
Vecy enfans de lieu de bien.

Item a mes poures clergeons,
Auquelz mes lettres ie resine,
Beaulx enfans & droictz comme ioncz
Les voyans ie me deflaisine,
Et sans receuoir leur assigne,
Sur comme qui lauroit empaulme,
A vng certain iour de sepmaine,
Sur lhostel de Gaultier Guillaume.

Quoy que ieunes & esbatans
Soyent, en rien ne me desplaist,
Dedans trente ou quarante ans,

M. FRANCOYS

Bien aultres seront se dieu plaist,
Il fait mal qui ne leur complaist.
Ilz sont tresbeaulx enfans & grans,
Et qui les bat ne fiert, fol est:
Car enfans deuiennent gens.

 Les bourgeois des dixhuit clercz
Auront ie my vueil employer,
Pas ilz ne dorment comme lerz,
Qui troys moys sont sans resueiller.
Au fort triste est le sommeiller
Que faict ieune en ieunesse,
Tant que en fin le faille veiller
Quant reposer veult en vieillesse.

 Cy en escriptz aux collateurs,
Lettres semblables & pareilles,
Or prient pour leurs bienffaicteurs,
Ou quon leur tire les oreilles.
Aucunes gens ont grant merueilles,

VILLON.

Que tant mencline enuers ces deux.
Mais foy que doy festes & veilles,
Oncques ne vy les meres deux.

Item a Michault cul doue,
Et sire Charlot Taranne,
Cent solz silz demandent oue
Ne leur chault ilz viendrõt de mãne,
En vne chausse de bazanne,
Autant empiegne que semelle
Pourueu quilz saulueront Iehanne,
Autant vng aultre comme elle.

Item au seigneur de Grigni,
Auquel iadis laissay Vicestre,
Ie donne la tour de Billi,
Pourueu se huis ya ne fenestre,
Qui soit de bout entour cest estre,
Quil remette trestout bien ioinct.
Face argent a dextre & a senestre,

M. FRANCOYS

Illuy viendra tousiours a point.

 Item a sire Iehan de la garde
Quaura de moy a la sainct Iehan,
Que luy donray ie que ne perde,
Assez ay perdu tout cest an.
Dieu le vueille pouruoir, amen.
Le barillet par mame voire,
Aux genoulx est le plus ancien,
Et plus grant nez a pour y boire.

 Item ie donne a Basumier,
Notaire & greffier criminel,
De giroffle vng plain panier,
Pris chez maistre Iehan de Ruel,
Tant a Motin que a motuel.
Et auec ce don de giroffle,
Seruir de cueur gent & isnel,
Le seigneur qui sert sainct Christofle

VILLON.

Auquel ceste ballade donne,
Pour sa dame qui tous biens a,
S'amour ainsi tous les nous guerdōne
Ie mesbahis de cela,
Car au pas conqueste cela
Que tant regna roy de Cecille,
Ou ce bien fist & peu parla,
Quonques Hector fist ne Troille.

Aultre ballade.

Au point du iour que lesperuier sesbat,
Non pas de deul mais par noble coustume,
Bruit de mauuais qui de ioye sesbat,
Recoit son pat & se ioint a la plume.
Aussi bon vueil a ce desir malume,
Ioyeusement ce quaux amans bon semble,
Sachez quamours lescripuét en leur liure.

Et cest la fin pourquoy sommes ensemble.

    Dame serez de mon cueur sans debat,
Entierement iusques mort me cōsume
Lorier soif pour mon droit se combat,
Oliuier frác contre toute ame resume
Raison ne veult que ie desacoustume,
Et en ce veueil auec elle me assemble,
De vous seruir, mais que my acoustume.
Et cest la fin pourquoy sommes ensemble.

    Et qui plus est quant dueil sur moy sebat,
Par fortune qui sur moy si se fume,
Vostre faulx oeil sa malice rabat,
Ne plus ne moins que le vent faict la plume.

VILLON.

Si ne pers pas la plume que je fume
En voſtre fait, car chafcũ me reſſemble,
Dieu mordonne que ie le face & fume
Et ceſt la fin pourquoy ſommes en-
ſemble.

Princeſſe oyez ce que cy vous reſume.
Que le mien cueur du voſtre deſaſ-
   ſemble,
Ia ne fera tant de voye preſume,
Et ceſt la fin pourquoy ſommes en-
ſemble.

   Item a ſire Iehan Perdrier,
Riens na Francoys ſon ſecond frere,
Si mont il bien voulu aider,
Et de leur biens faire confrere.
Combien que Francoys mon cõpere,
Langues cuiſans, flambans & rouges,
Son commandement, ſa priere,

M. FRANCOYS

Me recommande fort a Bourges,
Saille veoir en Tailleuent,
Au chapitre de fricasseure,
Tout au long derriere & deuant,
Lequel ne parle ne sus ne sure,
Mais marquere ie vous asseure
A tout le poil cuisant le diable,
Affin que sentist bon larsure,
Le recipe mescript par fable.

Ballade.

En reagal, en arcenic rocher,
En orpiment, en salpestre & chaulx
    viue
En plomb boullant pour mieulx les
    esmouldre,
En suif & poix destrempe de lesciue,
Faictes destrógs & de pissat de iuifue,
En laueure de iambes de meseaulx,

VILLON.

En racleure de piedz de vieulx hou-
 seaulx.
En ſãg daſpic telz drogues perilleuſes,
En fiel de loups de regnars & blereaulx
Soyent fricaſlees ces langues veni-
 meuſes.

En ceruel de chat qui hait peſcher,
Noir & ſi viel quil nait dent en géciue
Dung vieil maſtin qui vault bien auſſi
 cher.
Tout enrage en ſa baue & ſaliue.
En leſcume dune mulle pouſſiue,
Deſtranchee menues a bons ciſeaulx.
En eaue ou plongerent ratz groins &
 muſeaulx.
Raines, crapaulx & beſtes dangereuſe,
Serpés, leſars & telz nobles oyſeaulx,
Soyent fricaſſees ces langues venimeu
 ſes.

f. ii.

M. FRANCOYS

En sublime dangereux a toucher,
Et en nombril dune couleuure viue.
En sang quon met en palettes secher,
Chez les barbiers quant plaine lune
　arriue.
Dont lung est noir lautre plus vert
　que ciue,
En chancre & fielz & en ces cuueaulx,
Ou nourrisses essangent leur drap
peaulx,
Et petis baings de filles amoureuses,
Qui ne demandent qua suiure les bor
deaulx,
Soyent friquassees ces langues veni
meuses.
　　Prince passez tous ces frians mor
ceaulx.
Sestamine nauez ou beluteaulx,
Parmy le fons dunes brayes breneuses,
Mais par auét en estróc de pourceaulx

VILLON.

Soyent fricassez ces langues venimeu-
  ses.
   Item a maistre Andry de Courault
Les contreditz franc gontier mande,
Quant du tret seant en hault,
A cestuy la rien ne demande.
Le saige veult que contende,
Contre puissant contre homme las,
Affin que ces filles ne tende
Et que ne tresbuche en ces las.

  Gontier ne crains il nya nulz hom-
   mes,
Et mieulx que moy nest herite,
Mais en ce dangier cy nous sommes,
Car il loue sa pourete,
Estre poure yuer & este,
Et a la felicite le repute.
Lequel a tor on en discute,
Lequel tiens en malheurete.

M. FRANCOYS
Aultre ballade.

Sur mol duuet assis vng gras cha-
noyne,
Pres dung brasier en chambre bien
natee,
A son coste gisant dame Sidoyne,
Blanche, doulce, polye doulce alaine,
Boire ypocras a iour & a nuyctee,
Rire, iouer, mignonner & baiser,
Et nud a nud pour mieulx le corps
aiser,
Les vitz tous deux par vng trou de
mortaise,
Lors ie congneuz que pour dueil ap-
paiser,
Il nest tresor que de viure a son aise.

Le franc Gontier & sa compaigne
Helayne,

VILLON.

Eussent ceste doulce viande hantee,
Dongnons, ciuotz qui causent orde
　allaine
Nen compassent vne bise tastee,
Tout leur mathõ ne toute leur mathee
Ne vng ayl ie le dis sans noyser,
Silz sen võt il coucher soubz le roster,
Lequel vault mieulx, lit costoye de
　chaise,
Quen dictes vous fault il a ce muser?
Il nest tresor que de viure a son aise.

　　De gros pains bis viuent dorge &
　dauoine,
Et boyuẽt eaue tout au long de lãnee,
Tous les oyseaulx dicy en Babyloine,
A tel escot viuent celle iournee,
Ne me tendroient non vne matinee,
Or sesbate de par dieu le frãc Gõtier,
Helayne ou luy soubz le bel glantier.

f. iiii.

M. FRANCOYS

Si bien leur est nay cause quil me
   poyse,
Mais quoy quil soit de laboureux me
   stier,
Il nest tresor que de viure a son aise.

Prince iugez pour tous nous acorder
Quant est a moy mais qua nul nen
   desplaise,
Petit enfant iay ouy recorder,
Il nest tresor que de viure a son aise.

   Item pource que scait la bible
Ma demoyselle de breuieres
Donne prescher hors leuangille,
A elle & a ces chamberieres,
Pour retraire ses fillettes,
Qui ont le bec si affille.
Mais que ce soit hors cymetieres,
Trop au marche & au fille.

VILLON.

Ballade de sa rescription des femmes de Paris.

Quoy quon tienne belles langai-
Geneuoyses, Venissiennes,   (geres,
Assez pour estre messageres,
Et mesmement les anciennes,
Mais soyent Lombardes, Rommaines
Florentines a mes perilz,
Pymontoyses, Sauoysiennes,
Il nest bon bec que de Paris.

De tresbeau parler tiennēt cheres
Se dit on Neapolitaines.
Quoy que bonnes quaquattieres,
Allemandes, Prouinciennes,
Soyent Normandes Egyptiennes,
De Hongrie & daultre pays,
Espaignolles ou Chastelaines,
Il nest bon bec que de Paris.

M. FRANCOYS

 Bretes, Suysses ne scauent gueres,
Gascongnes, Thoulousaines,
De petit pont deux harengieres
Les coucheront & les Lorraines,
Agloyses, & Valenciennes,
Aye beaucoup de lieux comprins,
Picardes & Beauluaysines,
Il nest bon bec que de Paris.

 Prince aux dames Parisiennes,
De beau parler donne le pris,
Quoy quon die Ditaliennes.
Il nest bon bec que de Paris.

 Regarde nen deux troys assises
Sur le bas du ply de leurs robbes,
En ces moustiers en ces esglises,
Tire ten pres & ne ten hobes,
Tu trouueras quonques Macrobes
Oncques ne fist telz iugemens.

VILLON.

Entens quelque chose en tes rolles,
Ce sont tous enseignemens.

   Item varletz & chamberieres
Des bons hostelz rien ne me nuyt,
Faisans tartes, flans & goyeres,
En grant ralias a minuyt,
Rien ny feront sept pintes ne huyt,
Tant que dorme maistre & dame,
Puis apres sans contredit,
Ie leur ramentoy le ieu dasne.

   Item & a filles de bien,
Qui ont peres & meres, tantes,
Par mame ie ne leur donne rien:
Car iay tout donne aux seruantes.
Si fussent ilz de peu contentes,
Grant bien leur fissent, maintz
Aux poures filles aduenantes.
Qui se perdent aux iacopins.

M. FRANCOYS

Aux Celestins & aux Chartreux
Quoy que vie mainent estroicte,
Si ont ilz largent entre eulx,
Dont poures filles ont disette
Tesmoing Iaqueline & Perrette,
Et Ysabeau qui dit enne,
Puis quilz ont telle souffrette,
A paine seroit on dampne.

Item a la grosse margot,
Tresdoulce face & pourtraicture
Foy que doit Brelare bigot,
Assez deuote creature,
Ie layme de propre nature,
Et elle moy la doulce & sade,
Qui la trouuera daduenture,
Qui luy laisse ceste ballade.
Se iayme & sers la belle de son bõ hait
Men deuez vous tenir a vil ne sot,
Elle a en soy des biens a son souhait,
Pour elle iointz le bourcier a passot.

VILLON.
Villon.

Quant gens viennent ie cours &
hape vng pot,
Au vin men voys sans demener grant
bruyt.
Ie leur tens pain, formaige & fruyt,
Silz iouent ie leur dis que bien stat,
Retournez cy quāt vous serez en ruit,
En ce bourdeau ou tenōs nostre estat.

La grosse Margot.

Mais adonc il y a grant dehait
Quāt sās argēt sen va couche Margot
Veoir ne la puis mon cueur ne la hait,
Sa robbe prens chapperon & surcot,
Si luy iure quil tiendra pour lescot:
Par les costez si se prent lentecrist,
Crie & iure par la mort Iesuchrist,
Que nō fera. lors ie poigne vng esclat,

M. FRANCOYS

Deſſus ſon nez luy en fais vng eſcript,
En ce bordeau ou tenons noſtre eſtat.

Puis paix ſe fait & me laſche vng pet
Plus enflamme qung venimeulx eſ-
carbot.
Puis maſſiet le pied ſur le ſommet,
Godo me dit & me faict le iambot.
Tous deux enſemble dormant comme
vng ſabot.
Et au reueil quant le ventre luy bruyt,
Môte ſur moy quelle ne gaſte ſon fruyt
Soubz elle gis, plus qung ais me faict
plat.
De paillarder tout elle me deſtruyt,
En ce bordeau ou tenons noſtre eſtat.

Véte, greſle, gelle, iay mon pain cuyt,
Ie ſuis paillart la paillardiſe me ſuyt,
Ordure auons ordure nous arruit.
Lung vault lautre, ceſt a mau chat
mau rat.

VILLON.

Nous deffayons honneur & il nous
 deffayt.
En ce bordeau ou tenons noſtre eſtat.

 Item a Marion Lydolle,
Et a la grant Iehanne de Bretaigne,
Donne tenir publique eſcolle,
Ou leſcollier le maiſtre enſeigne.
Lieu neſt ou ſe marche ne tienne,
Sinon en la griſle de mehun,
Dequoy ie dis fy de lenſeigne,
Puis que louuraige eſt ſi commun.

 Item auſſi a Noelle Iolys
Aultre choſe ie ne luy donne,
Fors plain poing doſier fres cueillis
En mon iardin, ie labandonne.
Charite eſt belle aulmoſne,
Ame nen doit eſtre marry,
Vnze vingtz coups luy en ordonne,
Par les mains de maiſtre Henry.

M. FRANCOYS

Item ne scay qua lhostel dieu
Donner, naux aultres hospitaulx,
Bourdes nont icy temps ne lieu,
Poures gens ont assez de maulx.
Chascun leur enuoye leurs os,
Les mendians on eu mon oye,
Au fort ilz en aurona les os.
Aux poures gens menu monnoye.

Item ie donne a mon barbier,
Qui se nomme Colin Galerne,
Pres voisin Dangelot Herbier
Vng gros glasson pris en Marne,
Affin que a son aise se hyuerne,
De lestomach le tienne pres,
Se lhyuer ainsi se gouuerne,
Trop naura chault leste dapres.

Item riens aux enfans trouuez,
Mais les perdus fault que consolle,

VILLON.

Si doiuent eftre retournes,
Par droit chemin Marion Lydolle,
Vne lecon de mon efcolle
Leur liray qui ne dure guere,
Tefte nayent dure ne folle,
Efcoufte ceft la derniere.

   Beaulx enfans vous perdez la plus
Belle rofe de voftre chappeau.
Mes clercz pres prenant comme glux
Se vous allez en mon pipeau,
Ou a Ruel gardez la peau.
Car fefbattre en ces deux lieux,
Cuidant que vaulfift le rapeau,
Se pendit Colin a Cayeulx.

   Ce neft pas vng ieu de troys mailles
Ou va le corps & peut eftre lame,
Quon pert rien ny font repentailles
Quon nen meure a honte & diffame.
                  g. i.

M. FRANCOYS

Et qui gaigne na pas a femmes,
Dido ia royne de Carthage.
L homme donc est fol & infame,
Qui pour si peu cache son gaige.
Q ung chascun encor mescoute,
On dit & il est verite,
Que charreterie se boit toute
Au feu lyuer, aux boys leste.
Se argent auez il nest quite,
Mais le despent tost & viste,
Qui en voye vous herite
Iamais mal acquest ne proffite.

Aultre ballade.

Car or soyez porteurs de bulles,
Pipeurs ou hazardeurs de detz,
Tailleurs de faulx coings, tu te brusles
Comme ceulx qui sont eschauldez.
Traistres peruers de foy vuidez,

VILLON.

Soient larrons de croix ou pilles,
Ou en va lacqueſt que cuidez ?
Tout aux tauernes & aux filles.

Rime, raille, cimballes, fluſtes,
Dont font tous aultres eſhontez,
Farce, brouille, ioue des fluſtes,
Fainctes, ieuz & moralitez,
Faitz en villes & en citez,
Gaigne au berlan au glic & aux quil-
Ou tout va, or eſcoutez, (les
Ceſt aux tauernes & aux filles.

De telz ordures ie reculles,
Laboure ſouche champs & prez,
Sers & penſe cheuaulx & mulles,
Saucunement tu nez letrez,
Aſſez auras ſi prans en grez,
Mais ſi chanure broye ou tille,
Ne tendz aux labours que as ouurez.

g. ii.

M. FRANCOYS
Tout aux tauernes & aux filles.

Chausses, pourpoint & esguillettes
Robbes & tous voz drapilles,
Ains que cessez vous porterez,
Tout aux tauernes & aux filles.

A vous parle cõpaignons de galle
Mal des ames & bien du corps,
Gardez vous de ce mauuais halle,
Qui noircist les gens quát sõt mors
Escheuez le, cest mauuais mors,
Passez vous en mieulx que pourrez,
Et pour dieu soyez tous recors,
Que vne foys viendra que mourrez.

Item ie donne aux quinze vingtz
Quautant vauldroit nõmer troys cẽs
De Paris non pas de Prouins,
Car a ceulx tenu ne me sens,

VILLON.

Ilz auront & ie my confens,
Sans les eftuys mes grans lunettes,
Pour mettre a part aux innocens,
Les gens de bien des defhonneftes.

Icy nia ne ris ne ieu,
Que leur vault auoir cheuance,
Nen plus grans lis de parement lieu,
Engloutir vin en groffes pances,
Mener ioye feftes & dances,
Et de ce preft eftre a toute heure,
Tantoft faillent telles plaifances
Et la coulpe fi en demeure.

Quant ie confidere ces teftes
Entaffees en ces charniers,
Tant furent maiftre des requeftes,
Ou tous de la chambre aux deniers,
Ou tous furent panetiers,
Autant puis lung que lautre dire,

M. FRANCOYS

Car defuefques ou lanterniers,
Ie ny congnois que redire.

  Et icelles qui fenclinoyent
Vnes contre aultres en leurs vices,
Defquelles vnes regnoyent,
Des aultres eftoyent feruiees,
La les vis toutes affouuies,
Enfemble en vng tas pefle mefle,
Seigneuries leur font rauies,
Clerc ne maiftre ne fi appelle.

  Or font ilz mors dieu ait les ames
Autant de nous ilz font bien fournis.
  Aient efte feigneurs ou dames
Souef & tendrement nouris,
Doree, crefme, formentee, ris,
Et les os declinent en pouldre,
Auquelz ne chault defbas ne ris,
Plaife au doulx Iefus les abfouldre.

VILLON.

Item rien a Iacquet Cardon,
Car ie nay rien pour luy honneste
Nompas quil gette a bandon,
Pour la belle bergeronnette,
Selle eust le chant marionnette,
Fait par Marion peautarde,
Ou ouurez voſtre huis Guillemette,
Elle allaſt bien a la mouſtarde.

Item donne aux amans enfermez,
Outre maiſtre Alain Chartier,
A leur cheuet de pleurs & larmes
Treſtout fin plan vng benoiſtier,
Et vng petit brin deſglantier,
En tout temps vert pour guipillon,
Pourueu quilz diront vng pſaultier
Pour lame du poure Villon.

Item a maiſtre Pierre Tames,
Qui ſe tue damaſſer biens,

g. iiii.

M. FRANCOYS

Donne fiancer tant de femmes
Qui vouldra, mais despouser riens.
Pour qui amasse il pour les siens?
Il ne plaint fort que les morceaulx,
Ce quil fut aux truies, ie tiens
Quil doit estre aux pourceaulx.

    Item que aura le Seneschal
Qui vne fois payasmes debtes,
En recompense mareschal,
Pour ferrer oyes & canettes,
En luy enuoyant ses sornettes,
Et soy desennuier, combien
Sil en veult faire des allumettes,
De bien chanter sennuie on bien.

    Item au cheualier du guet
Ie donne deux beaulx petis pages,
Phelipot & le gros Marguet.
Lesquelz seruy ont des plus saiges,

VILLON.

La plus grant partie de leur aage.
Triſtan preuoſt des marechaulx,
Helas ſilz ſont caſſez de gaiges,
Aller leur fauldra deſchaulx.

Item au chapelain ie laiſſe
Ma chapelle en ſimple tonſure,
Chargee dune ſimple meſſe,
Ou il ne fault pas grant lecture.
Reſine luy euſſe ma cure,
Mais point ne veult de charge dame.
De confeſſer certes il na cure,
Sinon chamberieres & dame.

Pource que ceſt bien mon entente
Iehan de Calais bien notable homme
Qui ne me vit des ans a trente,
Et ne ſcet comment ie me nomme,
Du tout ceſt teſtament en ſomme,
Saulcune ya difficulte,

M. FRANCOYS

Oſter iuſques aux rez dune pomme,
Ie luy en done faculte.

 De gloſer & commenter,
Et le deffiner & eſcripre,
Diminuer & augmenter,
Et canceler & eſcripre
De ſa main & ne ſceuſt il eſcripre,
Interpreter & donner ſens
A ſon plaiſir meilleur ou pire,
A tout cecy ie my conſens.

 Et ſaucun dont nay cõgnoiſſance
Eſtoit alle de mort en vie,
Ie'vueil & luy done puiſſance
Affin que lordre ſoit finie,
Et lordonnance eſtre aſſouuie,
Que ceſt aulmoſne ailleurs tranſporte
Sans ſi appliquer par enuie,
A ſon ame ie me raporte.

VILLON.

Item ie ordonne a saincte Auoye,
Et non ailleurs ma sepulture,
Et affin que chascun me voye
Nompas en chair, mais en painctúre,
Que lon tire mon estature
De nere fil ne couste trop cher.
De tombe, rien : ie nen ay cure,
Car il greueroit le plancher.

Item ie vueil quautour de ma fosse
Ce que sensuyt sans aultre chose,
Soit escript en lettre assez grosse,
Et qui nauroit point descriptoire,
De charbon ou de pierre noire,
Sans rien entamer le plastre,
A umoins sera de moy memoire
Telle quelle est dung follastre.

Cy gist & dort en ce solier,
Quamours occist de son raillon,

M. FRANCOYS

Vng poure petit escollier,
Qui fut nomme Francoys Villon,
Oncques de terre neut sillon,
Ie donne tout chascun le scait,
Tables, treteaulx, pain, corbillon,
Au moins dictes en ce verset.

Repos eternel donne a cil,
Lumiere, clarte perpetuelle,
Qui na vaillant plat ne escuelle,
Neut onc, ne brin de percil,
Il fut rez chief, barbe & sourcil
Comme vng nauet quon ree ou pelle.

Repos.

Rigueur le transmist en exil,
Et luy frapa au cul la pelle,
Nonobstant quil dist ien apelle,
Qui nest pas terme trop subtil.

VILLON.
Repos.
Item ie vueil quon sonne a bransle
Le gros beffroy qui est de voirre,
Combien que cueur nest qui ne trēble
Quant de sonner est a son erre.
Saulue a mainte bonne terre
Le temps passe, chascun le scait.
Fussent gens darmes ou tonnoirre,
Au son de luy tout mal cessoit.

 Les sonneurs aurōt quatre miches
Et se cest peu demye douzaine,
Autant men donnent les plus riches.
Mais ilz seront de sainct Estiene.
Voulant est homme de grant peine,
Lung en sera quant gy regarde,
Il en viura vne sepmaine,
Et lautre au fort Iehan de la garde.

 Pour tout fournir & parfaire,

Iordonne mes executeurs,
Auquelz faict bon au oir affaire,
Qui contentent bien leurs debteurs,
Ilz ne font pas trop grans venteurs,
Ilz ont bien dequoy dieu mercis,
De ce faict feront directeurs,
Efcriptz,ie ten nommeray fix.

 Ceft maiftre Martin belle foye,
Lieutenant du cas criminel:
Qui fera laultre gy penfoye,
Ce fera fire Columbel
Si luy plaft,& il luy eft bel,
Il entreprendra cefte charge.
Et lautre Michel Iournel,
Ces troys feulz & pour tous encharge

 Mais au cas que fe excufaffent,
En redoubtant les premiers frais,
Ou totallement reculaffent,

VILLON.

Ceulx qui senfuyuent icy apres,
Inſtitue gens de bien tres,
Phelippe Brune noble eſcuyer,
Et lautre ſon voyſin daupres,
Ceſt maiſtre Iacques Raguier.

Et lautre maiſtre Iacques Iames,
Troys hommes de bien & dhonneur,
Deſirant de ſauluer leurs ames,
En doubtant dieu noſtre ſeigneur,
Pluſtoſt y mettroyent du leur,
Qua ceſte ordonnance ilz faillent,
Point nauront de contrerolleur,
A leur bon ſeul plaiſir en taillent.

Des teſtamens quon dit le maiſtre
De mon faict naura quid ne quod,
Mais ce cera vng iuſte prebſtre,
Qui ſe nomme Colas Tacot,
Voulentiers beuſſe a ſon eſcot,

M. FRANCOYS

Et quil me coustast ma cornette,
Sil sceust iouer a vng tripol,
Il eust du mien le trou Perrette.
Quant au regard du luminaire,
Guillaume du Ruy ie commetz
Pour porter les cointz du suaire,
Aux executeurs le remetz,
Trop plus de mal me font quócque
    mais,
Paniz cheueulx, barbes sourcilz.
Mal me presse temps est desormais,
Que crie a toutes gens mercis.

Aultre ballade.

Chartreux, aussi Celestins,
Aux mendians & aux deuottes,
A musars & clicque patins
A seruantes & a filles mignottes,
Portans surcotz & iustes cottes,

VILLON.

A cuydereaulx damours transis,
Chasons sans mesdaing fauues bottes
Ie crie a toutes gens mercis.

 A fillettes monstrans tetins
Pour auoir plus largement dhostes,
A ribleurs meneurs de hutins,
A basteleurs trainans marmottes,
A folz & folles sotz & sottes,
Qui sen vont sifflant cinq ou six,
A veufues & a mariottes,
Ie crie a toutes gens mercis.

 Sinon aux tristes chiens mastins
Qui mont faict chier dures crottes,
Manger maintz soirs & maintz matins
Que ores ie ne crains pas troys crottes
Pour eulx ie fisse petz & rottes,
Ie ne puis, car ie suis assis.
Combien pour euiter riottes,

      h. i.

M. FRANCOYS
Ie crie a toutes gens mercis.

Son leur faisoit les quinze cottes,
De grans mailletz gros & massifz,
De plombees & de telles pelottes,
Ie crie a toutes gens mercis.

Icy se clost le testament
Et finist du poure Villon,
Venez a son enterrement
Quant vous orrez le carrillon,
Vestus rouge comme vermillon,
Car en amour mourut martyr,
Ce iura il sur son chaignon,
Quant de ce monde voulut partir.

Cause dappel dudict Villon.

Que vous semble de mon appel
Garnier faige sens ou follie,

VILLON.

Toute beste garde sa pel.
Qui la contraint ou force, ou lye,
Selle peult elle se deslye,
Quant en ceste peine arbitraire
On me iugea par tricherie,
Estoit il lors temps de me taire?

Se fusse des hoirs Hue Capel,
Qui fut extraict de boucherie,
On meust parmy ce drappel
Faict boire de celle escorcherie,
Vous entendez bien ioncherie,
Ce fust son plaisir voluntaire,
De moy iuger par tricherie,
Estoit il lors temps de me taire?

Cuydez vous que soubz mõ capel,
Ny eust tant de philosomie
Comme dire ien appel?
Si auoit ie vous certifie,
Combien que trop point ne my fie,

h. ii.

M. FRANCOYS

Quant on me dit present notaire,
Pendu ferez ie vous affie,
Estoit il lors temps de me taire?

Prince se ieusse eu la pepie,
Pieca fusse ou est Clotaire.
Aux champs debout cóme vne espie,
Estoit il lors temps de me taire?

Le rondeau que fist ledit Villon
quant il fut iuge.

Ie suis Francoys dont me poyse,
Ne de Paris pres de Pontoyse,
Qui dune corde dune toyse,
Scaura mon col que mon cul poyse.

Epitaphe dudict Villon.

Freres humains qui apres nousviuez

VILLON.

Nayez les cueurs contre nous endur-
Car se pitie de nous poures auez (cis,
Dieu en aura pluftoft de vous mercis.
Vous nous voyez cy atachez cinq six,
Quant de la chair que trop auons
  nourrie,
Elle eft pieca demouree & pourrie,
Et nous les os deuenons cedre & poul
  dre.
De noftre mal perfonne ne fen rie,
Mais priez dieu que tous nous vueille
  abfouldre.

  Se freres vous clamós pas ne deuez
Auoir defdaing, quoy que fufmes oc-
Par iuftice, touteffois vous fcauez, (cis
Que tous hommes nont pas bon fens
  raffis,
Excufez nous puis que fommes trafis
Enuers le filz de la vierge Marie.
                    h. iii.

M. FRANCOYS

Que sa grace ne soit pour nous tarie,
Nous preseruāt de linfernalle fouldre
Nous sōmes mors ame ne nous harie
Mais priez dieu que tous nous vuille
   absouldre.

La pluye nous a buez & lauez,
Et le soleil desseichez & noircis,
Pyes, corbeaulx nous ont les yeulx cauez
Et arrache la barbe & les sourcilz
Iamais nul tēps nous ne sōmes rassis,
Puis ca puis la comme le temps varie,
A son plaisir sans cesser nous charie,
Plus becquetez des oyseaulx que dez
   a couldre,
Homme icy na point de mocquerie,
Mais priez dieu que tous nous vueille
   absouldre.

Prince Iesus qui sur tous as sei-
gneurie,

VILLON.

Gardez que enfer ayt de nous la mai-
 ſtrie.
A luy nayõs que faire ne que ſouldre,
Ne ſoyez donc de noſtre confrarie,
Mais priez dieu que tous nous vueille
 abſouldre.

Le debat du cueur & du corps dudict Villon.

Qui eſt ce que ioy? ce ſuis ie. qui?
 ton cueur.
Qui ne tient mais que a vng fillet,
Force na plus, ſubſtance ne liqueur,
Quant ie te voy ainſi ſeulet.
Comme poure chien tapy en recullet.
Pourquoy eſt ce que la folle plaiſance
Que ten chault ibien ay la deſplaiſãce
Laiſſe men paix, pourquoy? ie pẽſeray
Quãt ſera ce, quant ſera hors défance
Plus ne ten dy, & ie men paſſeray.

M. FRANCOYS

Que pense tu, estre homme de valleur,
Tu as trête ans cest laage dung mullet
Est ce enfance? nenny cest folleur,
Qui te saisist par ou? par le collet,
Rien ne congnoys, si fais, mouches en laict,
Lung est blāc & lautre cest la differēce
Est ce donc tout, que veulx tu que ie tence?
Se nest assez ie recommenceray,
Tu es perdu, ie y mettray resistence,
Plus ne ten dy, & ie men passeray.

Dont vient ce mal il vient de mon malheur,
Quant Saturne me fist mon fardelet,
Ces motz il mist ie croy que cest folleur,
Sō seigneur es, & te tiens son varlet,

VILLON.

Voy que Salomõ escript en son rollet,
Homme saige ce dit a puissance,
Sur les planettes & sur leur influence,
Ie nen croy rien, fors que mon faict
    feray.
Que dis tu?dieu certe cest ma creãce,
Plus ne ten dy & ie men passeray.
Veulx tu viure, dieu men doint la puis
    sance,
Il te fault, quoy?remors de consciéce,
Lire sans fin,& en quoy?en science.
Laisse les folz, ie y aduiseray,
Or le retien, ien ay souuenance,
Natens pas que retourne en desplai-
    sance.
Plus ne ten dy,& ie men passeray.

  La requeste quil bailla en
  parlement.

  Tous mes cinq cens yeulx oreilles
  & bouche,

M. FRANCOYS

Le nez & vous le fenti fauſſi,
Tous mes membres ou il y a reproche
En ſon endroit chaſcun die ainſi,
Souueraine court par qui ſommes icy
Vous nous auez garde de deſconfire,
Or la langue ne peut aſſez ſouffire,
A vous rendre ſouffiſantes louenges,
Si prie pour nous mere du ſouuerain,
Mere des bons & leur des beneiſtz
　anges.
　　Cueur fendez ou vous percez du
　ne broche,
Et ne ſoyez aumoins plus endurcy,
Que vng deſert fut la forte biſe roche
Dont le peuple Iuif fut adoulcy,
Fondez larmes & venez a mercy
Comme humble cueur qui tēdremēt
　ſouppire,
Louez la court conioincte au ſainct
　empire,
Lheur des frācoys, cōfort des eſtrāges

VILLON.

Priez laſſus au ciel au ſainct empire,
Mere des bons & ſeur des benoiſtz
    anges.
    Et vous mes dens chaſcune ſi ſeſ-
    loche,
Saillez auant rendez en toutes mercy
Plus haultemēt que orgue, trompe ne
    cloche,
Et de maſcher nayez ores ſoucy
Conſiderez que fuſſe ores tranſſy,
Foye, polmon, rate qui reſpire
Ou vous mon corps ou vil eſtre pery,
Que ours ou pourceau qui faict ſon
    nid es fanges,
Louez la court auāt qui vous empire
Mere des bōs et ſeur des benoiſtz āges
    Prince trois iours ne vueillez meſ-
    condire,
Pour moy pourueoir & aux miens a
    dieu dire,
Sās eulx argēt ie nay cy ne aux chāges

M. FRANCOYS

Court triumphante bien faisant sans mesdire,
Mere des bons & seur des benoistz anges.

La requeste que ledit Villon bailla a monseigneur de Bourbon.

Le mié seigneur & prince redoub-
Fleuron de lys, royalle geniture, (te,
Francoys Villon qui trauail a boute
A coustz orbs par force de basture,
Vous suplie en ceste húble escripture,
Que luy facez quelque gracieulx prest
Si vous doubtez que bien ne vous cō-
tente,
Sans auoir dommaige ne interest,
Vous ny perdrez seullemēt que latéte.

A prince nay vng seul denier ēprūte

VILLON.

Eors a vng seul vostre hūble creature,
De six escus que luy auez preste,
Cela pieca il mist en nourriture,
Tout se paiera ēsemble cest droicture,
Mais ce sera legierement & prest,
Car si du glan rencontre la forest
Détour Patay, & chaistaigne ont véte
Paye serez sans delay ne arrest,
Vous ny perdrez seullemēt que latête.

Se ie pensoye vendre ma sante
A vng lombart vsurier par nature,
Faulte dargent ma si bien enchante,
Que ien prendroye ce cuide lauéture,
Argent ne peult na gipon ne ceinture
Beau sire dieu ie mesbahy que cest,
Que deuāt moy croix ne se cōparoist,
Sinon de pierre ou de boys que ne
    mente.
Mais sy vne fois la voye si aparoist,

M. FRANCOYS

Vous ny perdez seullemēt que latente.

   Prince du lys qui tout biē cōplaist
Que cuidez vous cōme il me desplaist
Quant ie ne puis auoir en mon entéte
Biē mentédez aidez mē sil vous plaist,
Vous ny perdez seullemēt que latéte.

   Allez lettres faictes vng sault,
Combien que naiez pied ne langue
Remonstrez en voſtre harangue
Que faulte dargent si massault.

Aultre ballade.

   Tant grate chieure que mal gist,
Tant va le pot a leaue quil brise,
Tant chauffe on le fer quil rougist,
Tant le maille on quil brise,
Tant vault homme comme on le prise

VILLON.

Tant eslongne quil nen souuient,
Tant mauuais est quon le desprise,
Tant crie on Noel quil vient.

   Tant raille on que plus ne rit,
Tant despend on quon na chemise,
Tant est on franc que tout se frit,
Tant vault tien que chose promise,
Tant ayme on dieu quon faict lesglise
Tãt donne on que emprũter cõuient,
Tant tourne vent quil chet en bise,
Tant crie on Noel quil vient.

   Tãt ayme on chien quõ le nourrist,
Tant court chanson quelle est aprise,
Tant garde on fruict quil se pourrist,
Tant bat on place quelle est prise,
Tant targe on quõ fault a entreprise,
Tant se haste on que mal aduient,
Tant embrasse on que cest la prise.

M. FRANCOYS

Tant crie on Noel quil vient.

Prince tant vit le fol quil saduise,
Tant va il quapres ne reuient,
Tant le crist on quil se auise,
Tant crie on Noel quil vient.

Aultre ballade.

Ie congnoys bié mouches en laict
Ie congnoys a la barbe lhomme,
Ie congnoys le beau temps du laict,
Ie congnoys au pommier la pomme,
Ie congnoys larbre a veoir la gomme
Ie congnoys quát tout est de mesme
Ie congnoys qui besongne ou chôm
Ie cõgnoys tout fors que moy mesme

Ie congnoys pourpoint au collet
Ie congnois le moyne a gonne.

VILLON.

Ie congnois le maistre au varlet,
Ie congnois au voille la nonne,
Ie congnois pipeur qui iargonne,
Ie congnois folz nourris de cresmes,
Ie congnois le vin a la tonne,
Ie cõgnois tout fors que moy mesmes.

Ie congnois cheual au mulet,
Ie congnois leur chãge & leur somme,
Ie congnois bietrix & belet,
Ie congnois qui nombre & somme,
Ie congnois la faulte des boesmes,
Ie congnois, filz, varlet & maistre,
Ie cõgnois tout fors que moimesmes.

Prince ie congnois tout en somme,
Ie congnois couleuures & blesmes,
Ie congnois mort qui tout consomme,
Ie congnois tout fors que moimesmes.

i. i.

M. FRANCOYS
LE IARGON ET IO-
belin dudit Villon.

A parouart le grāt maistre gaubie,
Qua collez sont dupes & noircis,
Et par les anges suyuant la facherie,
Sont empouez & greffix cinq ou six.
La sont beflures ou plus haulx assis,
Pour louagie & bien hault mis au vét
Eschecquez moy tost ces coffres mas
 sifz,
Car vendengeurs des ances circoncis
Sen brouent du tout a neant.
Eschec eschec pour fardis.

Brouez moy sur ces gros passans
Rebignez moy bien tost le blanc,
Et pietonnez au large sur les tirans,
Qua mariage ne soyez sur le blanc,
Puis qung sac nest de pasture blanc,
Si grupez estes des carieux,
Rebignez moy tost ces entreueux,

VILLON.

Et leur monstrez le prois le bis,
Quen clouez ne soient deux a deux,
Eschec e schec pour le fardis.

 Plantez aux hurmes voz picons,
De paour des pisans si tres durs,
Et aussi destre sur les ioncz,
Emmanchez en coffre & gros murs,
Escarrissez ne soyez point durs,
Quæ le grãt can ne vous face essorer,
Songears ne soient pour dorer,
Etrebignez tousiours aux ys,
Des sires pour les desbouser,
Eschec eschec pour le fardis.

 Prince roart dis arques petis,
Lung des sires si ne soit endormis,
Leuez au bec que ne soiez greffis,
Et que voz emps nen aient du pis,
Eschec eschec pour le fardis.

      i. ii.

M. FRANCOYS
Ballade.

        O quillars enaruans a ruel,
C   Que ny laiſſez corps ne pel,
        Comme eſt colin Leſcailler,
Deuant la roe de babiller,
Il babigna pour ſon ſalut,
Pas ne ſcauoit ongnons peller,
Donc lamboureux luy romp le ſuc.

      Changes andoſſes ſouuent,
Et tirez tout droit au temple,
Et eſchequez toſt en brouant,
Quen laiarte ne ſoyez emple,
Montigny y fut par exemple
Bien atache au halle grup,
Et y iargonnaſt il le temple,
Donc lemboureux luy romp le ſuc.

   Gailleurs faitz en piperie,

VILLON.

Pour ruer les niuars au loing,
Alla hault tost sans sueric,
Que les mignons ne soient au gaing,
Farcis dung plombis a coing,
Qui griefue & garde le duc,
Et de ia dure si tresloing,
Donc lemboureux luy ront le suc.

  Prince arriere de ruel,
Et neussez vous denier ne pluc,
Quau griefue ne laisse la pel,
Pour lemboureux qui romp le suc.

Aultre ballade.

  Pelicans
S Qui en tous temps
   Auancez dedans les pougois,
Gourde piarde,
Et sur la tarde,

M. FRANCOYS

Debousez les poures niais.
Et pour soustenir voz pois,
Les dupes sont priuez de faire
Sans faire haire,
Ne hault braire,
Mais plantez y sont comme ioncz,
Par les sires qui sont si longs.

Souuent aux arques
A leurs marques,
Se laissent tous debouser,
Pour ruer,
Et enteruer,
Pour leur conte que lors font,
La face, les arques vous respond,
Et rue deux coups ou troys,
Aux gallois,
Deux ou trois
Mineront trestout au fons,
Pour les sires qui sont si longs.

VILLON.

Et pource bernardz
Coquillars
Rebequez vous de la montioye,
Qui deſuoye
Voſtre proye,
Et vous fera du tout brouer,
Pour ioncher
Et enteruer,
Qui eſt aux pignons bien cher,
Pour riffler,
Et placquer,
Les angles de mal tous rondz,
Pour les ſires qui ſont ſi longs.

De peur des hurmes
Et des grumes,
Raſurez vous en droguerie,
Et faerie.
Et ne ſoyez plus ſur les ioncz,
Pour les ſires qui ſont ſi longz.

M. FRANCOYS
Aultre ballade.

Saupicquetz fronans de gourtz
　acquetz,
Pour debouser beau sire dieux,
Alles ailleurs planter voz marquetz,
Benard vous estes rouges gueux,
Menard sen va sur les ioncheurs,
Et a babine quil a plongis,
Mes freres soyes embrayeurs,
Et gardes les coffres massis.

Si gruppez estes nesgrappez,
De ces angeletz si grauelissez.

Incontinant manteaulx & cappes,
Pour lemboue ferez eclipse,
De voz frages ferez beliffres,
Tout deboutz nompas assis,
Pource gardez destre gressis,

VILLON.

En ces gros coffres massis.

Nyais qui seront attrappez,
Bien tost seront brouez au halle,
Plus ne veulx que tost ne happez
La braudose de quatre taille
De tiers faire hairenaille,
Quant le geollier est assiegis.
Et si hurgue la piranale,
Au saillir des coffres massis.

Prince des gayeux les sarpes
Que voz contre ne soyent greffis,
Pour doubtes fouer aux arques,
Gardez vous de coffre massis.

Aultre ballade.

Ioncheurs ionchans en ioncherie,
Rebinez bien ou ioncheres,

M. FRANCOYS

Quostac membroue vostre arriere
Ou acollez sont voz aisnez,
Poussez de la quille & brouez,
Car tost seriez roupieux,
Eschec quacollez ne soyez
Par la poue du marieux.

  Bandez vous contre la faerie,
Quant vous auront desboufes,
Mestant a iuc la rifflerie
Des anges & leurs assosez.
Barard si vous pouez renuersez
Se greffir laissez voz corieux
La dure bien renuersez,
Pour la poue du marieux.

  Entrauez a la flaterie,
Chantez leur troys sans point songier
Quen este ne soyez assuerie,
Blanchir voz cuirs & essurger

VILLON.

Bignes la mathe sans targer,
Que voz ans ne soyent rubieux.
Planter ailleurs contre siege assieger
Pour la poue du marieux.

Prince Benard en estrie,
Querez coupeaulx pour rēboreaulx
Et autour de voz ys luesie,
Pour la poue des marieux.

Aultre ballade.

Contres de la gaudisserie
Enterues tousiours blanc pour bis,
Et frappez en la huterie
Sur les beaulx sirez bas assis,
Ruez de fueilles cinq ou six,
Et vous gardez bien de la roe
Qui aux sires plante du gris,
En leur faisant faire la moue.

M. FRANCOYS

  Et la grisle gardez de rire,
Que voz corps nen ayent du pis.
Et point a la tuerie,
En la hurme ne soyez assis.
Prens du blanc & laisse le bis,
Rue par les frondes la poe,
Car le bizart auoir aduis
Faict aux brouars faire la moue.

  Plantes de la mouargie,
Puis ca puis la pour lartis,
Et nespargnez point la fogie,
Des doulx dieulx sur les patis,
Voz ens soyent assez hardis,
Pour auancer la droe.
Mais soyent memoradis,
Quon ne vos face faire la moue.

  Prince qui na banderie,
Pour escheuer de la soe,

VILLON.

Dangier du grup en arderie,
Faict aux sires faire la moue.

La fin du testament du codicille
du iargon & des ballades.

Sensuyt le petit testament Villon.

L
An mil quatre cens cinquan
te six,
Ie Francoys Villon escollier,
Considerant de sens rassis,
Le frain aux dens franc au collier,
Quon doit ses oeuures employer,
Comme Valere le raconte
Saige Romain, grant conseillier,
Ou aultrement il se mesconte.

En ce temps que iay dit deuant
Sur le Noel morte saison,

M. FRANCOYS

Que les loups viuent de vent
Et quon se tient en sa maison,
Pour les frimaulx pres du tyson
Me vint voulente de briser
La tresdouloureuse prison,
Qui fasoit mon cueur debriser.

Ie me vis en telle facon,
Voyant celle deuant mes yeulx,
Consentant a ma deffacon,
Sans ce que ia luy en fust mieulx,
Dont me dueil & plaintz aux cieulx
En requerant delle vengeãce
A tous les dieux venerieulx,
Et du grief damours allegeance.

Item a celle que iay dit
Qui si durement ma chasse,
Que ie suis de ioye interdit,
Et de tout plaisir dechasse,

VILLON.

Ie laisse mon cueur enchasse,
Pale, piteux, mort & transi,
Et a ce ma pourchasse,
Mais dieu luy en face mercy.

 Item a maistre Ithier marchant,
Auquel ie me sens tres tenu,
Laisse mon branc dacier trenchant,
Et a maistre Iehan le cornu
Qui est en gaige detenu
Pour vng escot six solz montant,
Ie vueil selon le contenu
Quon leur liure en le rachetant.

Item ie laisse a sainct Amant,
Le cheualier blanc auec la mulle,
Et a Blaru mon dyamant,
Et a lasne qui reculle,
Et le decret qui articule,
Omnis vtriusque sexus.

M. FRANCOYS

Contre la carmeliste bulle,
Laissez aux curez pour mettre sus.

  Item a Iehan Trouue bouchier,
Laisse le mouton franc & tendre
Et vng tahon pour esmoucher
Le beuf coronne qui veult vendre.
La vache que on pourra prendre,
Le villain qui la trousse au col,
Se ne la rend quon le puist pendre,
Estrangler dung bon licol.

  Item a maistre Robert Vallee,
Poure clergeon en parlement,
Qui ne tient ne mont ne vallee,
Iordonne principallement,
Quon luy baille legierement
Mes brayes, estant en tumeliere,
Pour coiffer plus honnestement
Samye Iehanne de melliere.

VILLON.

Pource quil est de luy honneste,
Fault quil soit mieulx recompense,
Car le sainct esperit ladmonneste,
Obstant quil est incense,
Pource ie me suis pourpense
Puis quil na rié nest qune aumoire
De recouurer sus mau pense,
Quon luy baille lart de memoire.

Item ie assigne la vie
Du dessusdit maistre Robert,
Mes parens ny ayent enuye,
Pour dieu quon vende mon haulbert
Et que largent ou la plus part,
Soit employe dedans ces pasques,
Pour achapter a ce poupart,
Vne fenestre aupres sainct Iacques.

Item ie laisse ou pardon,
Mes gans & malhucque de soye,

M. FRANCOYS

A mon amy Iacques Cardon,
Le glan aussi dune saulsoye,
Et tous les iours vne grosse oye,
Ou vng chappon de haulte gresse,
Dix muys de vin blanc comme croye,
Et deux pourceaulx que trop négresse.

    Item ie laisse a ce ieune homme
Raguier de montigny,
Et a Iehan Raguier la somme
De cét frans prins sur tous mes biens
Mais moy ie ny comprens riens,
Ce que ie pourray acquerir.
On ne doit trop prendre des siens
Ne ses amys trop requerir.

    Item au seigneur de Rigny,
Laisse la garde de Nigon,
Et six chiens plus qu'a montigny,
Vicestre chastel dongeon,

VILLON.

Et a ce maloſtru Changon,
Moutonnier qui le tient en propos,
Laiſſe troys coups dung eſturgon.
Et coucher en paix & a ſon aiſe en
    repos.

   Item a maiſtre Iacques Raguier,
Laiſſe labruuoir Paupin,
Perches, pouſſins au blanc manger
Touſiours le choys dung bon lopin,
Le trou de la pomme de pin,
Clos & couuert au feu la plante,
Emmailote dung iacopin,
Et qui vouldra planter ſi plante.

   Item a maiſtre Iehan Mantãt,
Et a Pierre le balancier
Le gre de celuy qui attent,
Troubles frorfaictz ſans eſpargner.
Et a mon procureur Fournier,
Bonnetz cours chauſſes ſumelees,

               lz. ii.

M. FRANCOYS

Taillez sur mon cordonnier,
Pour porter durant ces gelees.

 Item du cheualier du guet
Le heaulme luy establis,
Et aux pietons qui vont daguet,
Tastonnant par ces establis,
Ie laisse deux beaulx rubis,
La lanterne & la pierre au laict,
Pourueu que auray les troys litz,
Silz me mainent en chastelet.

 Item au Lou & a Cholet,
Pour vne foys laisse vng canart,
Pris sur les murs comme on souloit
Enuers les fossez sur le tart,
Et a chascun vng grant tabart
De cordelier iusques aux piedz
Busche charbon & poix & lard
Et mes houseaulx sans auant piedz

VILLON.

Item ie laisse en pitie,
A troys petis enfans tous nudz,
Nommez en ce present traictie,
Pouures orphelins impourueuz,
Et desnuez comme le ver,
Iordonne quilz soyent pourueuz,
Aumoins pour passer cest hyuer.
Premierement Colin Laurens,
Girard Gossoyn, Iehan marceau,
Desprins de biens & de parens,
Qui nont vaillant lance dung seau,
Chascun de mes biens vng faisseau,
Ou quatre blancz silz ayment mieux,
Iz mengeront maint bon morceau
Les enfans quant ie seray vieulx.

Item ma nomnation
Que iay de luniuersite
Laisse par resination,
Par florclorre dauersite,

Iz. iii.

M. FRANCOYS

Poures rlercz de ceste cite,
Soubz cest intendit contenus,
Charite ma incite
Et nature, les voyans nudz.

    Cest maistre Guillaume Colin,
Et maistre Thibault de Vitry,
Deux poures clercz parlans latin,
Paisibles enfans sans estry,
Humbles, bien chantans a lestry,
Ie leur laisse sans receuoir,
Sur la maison Guillot Guillory,
En atendant de mieulx auoir.

    Item ie adiointz a la Crosse,
Celle de la rue sainct Antoine,
En vng billart dequoy on crosse,
Et tous les iours plain pot de seine,
Aux pigeons qui sont par essoine
Enserrez soubz trape voliere,

VILLON.

Mon mirouer belet y doine,
Et la grace de la geolerie.

    Item ie laisse aux hospitaulx,
Mes chassis tissus dirannee,
Et aux gisans sur ces estaulx,
Chascun sur loeil vne grongnee,
Trembler a chere refrenee,
Maigres, velus & morfondus,
Chausses courtes robes rongnez,
Gellez, meurdris & morfondus.

    Item ie laisse a mon barbier,
La rongneure de mes cheueulx.
Plainement & sans destourbier,
Au sauetier mes soulliers vieulx,
Et au fripier mes habifz vieulz,
Que quant du tout ie les laisse,
Pour moins quilz ne coustent neufz,
Charitablement ie leur laisse.

M. FRANCOYS

    Item aux quatre mendiens,
Aux filles dieu & aux beguines,
Sauoureux morceaulx & frians,
Chapons, pigeons, grasses gelines,
Et puis prescher les quinze signes
Et abatre pain a deux mains,
Carmes cheuauchent noz voysines,
Mais cela ce nest que du moins.

    Item ie laisse le mortier dor
A Iehan lespicier de la garde,
Et vne potence de sainct Mor,
Pour faire vng broyer a moustarde.
Et a celluy qui fut lauantgarde,
Pour faire sur moy griefz expletz,
De par moy sainct Antoine larde,
Ie ne luy lairray aultre laitz.

    Item ie laisse a Marbeuf,
Et a Nicolas de Louuiers,

VILLON.

A chascun lescaille dung oeuf,
Plaine de frans & descus vieulx.
Quant au concierge de Gouuieux,
Pierre rousleullie ie ordonne
Pour leur donner vng don entre eulx.
Escutz telz que prince les donne.

 Finablement en escripuant
Ce soir seullement estant en bonne,
Dictant ces laitz & descriuant,
Iouys la cloche de Sorbonne
Qui tousiors a neuf heures sonne,
Ce salut que lange predit,
Si suspendy & mis sur borne,
Pour priere comme le cueur dit.

 Fait au temps de ladicte date,
Par le bon renomme Villon
Qui ne menge figue ne date,
Sec & noir comme escoullon,

M. FRANCOYS

Il na tente ne pauillon
Quil nait laisse a ses amys,
Et na mais que vng peu de billon
Qui sera tantost a fin mis.

FIN DES OEVVRES
de Villon, & apres sensuyt Le
recueil de ses repues franches,
& de ses compaignons.

VILLON.

Vous qui cerchez les repues franches,
Tã tiours ouuriers que dimenches,
N auez pas plãte de mõ
Affin que chafcun de vous oye (noye
Comment on les peut recouurer,
Vueillez vous au fermon trouuer,
Qui eft efcript dedans ce liure.
Mettez tous peines de lire
Entre vous ieunes perrucatz,
Procureurs, nouueaulx aduocatz
A prenans aux defpens daultruy,
Venez y toft fans nul eftri
Clerez de praticque diligens,
Qui congnoiffez fi bien voz gens,
Sergens a pied & a cheual
Venez y damont & daual,
Les hoirs du deffunct Pathelin,
Qui fcauez iargon, iobelin,

LES REPVES DE

Capitaine du pont a billon,
Tous les subietz Francoys Villon,
Soyez a ce coup reueillez,
Pas ne debues estre oubliez
Tous gallans a pourpointz sans man-
  ches,
Qui ont besoing de repues franches,
Venez tous apprendre comment
Les maistres anciennement
Scauoyent bien tous les tours.
Messire chascun paucque denare,
Qui de liures scait les vsaiges,
En veult lire tous les passaiges,
De ce luy est prins appetis,
Venez y donc grans & petis,
Car de la science scauoir
Vous ne pouez que mieulx valoir.
Venez cheuaucheurs descuyrie,
Seruiteurs de grans seigneuries
Venez y sans dilation,

VILLON.

Toutes gens fotz de toutes fortes,
Venez y bigotz & bigottes,
Venez y poures trupelins
Aux cordeliers & iacopins,
Venez aussi toutes prestresses
Qui scauez pieca les adresses
Des prestres hault & bas,
Gardez que vous ny faillez pas.
Venez gorriers & gorrieres,
Qui faictes si bien les manieres
Que cest vne chose terrible,
Pour bien faire tout le possible,
Toutes manieres de farseurs,
Anciens & ieunes mocqueurs,
Venez tous vrays maquereaulx
De tous estatz vieulx & nouueaulx,
Venez y toutes maquerelles,
Qui par voz subtilles querelles
Auez tousiours en voz maisons
Pour auoir en toutes saisons,

Tant aux iours ouuriers que dimen-
ches,
Souuent les bonnes repues franches.

 Venez y tous bons pardonneurs,
Qui fcauez faire les honneurs
Aux villages de bons paftez,
Auecques ces gens curatez,
Qui ayment bien voftre venue,
Pour auoir la franche repue,
Affin que chafcun deulx enhorte
Les parroiffiens quon apporte
Des biens aux pardons de ce lieu,
Et quon face des biens pour dieu.
Tant que le pardonneur fen aille,
Le cure ne defpendra maille,
Et aura maiftre Iehan Laurens,
Fermement payans les defpens,
Et quarte de vin fimplement
Au cure a fon department.

VILLON.

De tout eſtat ſoit bas ou hault,
Venez y quil ny ait deffault.
Venez y varletz, chamberieres,
Qui ſcaues ſi bien les manieres,
En diſant mainte bonne baue,
Dauoir du meilleur de la caue,
Et puis ioyeuſement preſchez,
Apres que voz maiſtres ſont couchez
Ceulx qui cerchent bāquetz ou feſtes
Pour dire quelque chanſonnette,
Affin datrapper la repue
Que chaſcun de vous ſe remue,
Dy venir bien legierement,
Et vous pourrez ouyr comment
Vng grant tas de vieilles commeres,
Scauent bien trouuer les manieres,
De faire leurs marys coqus.
Venez y nattendez plus,
Entre vous prebſtres ſans ſeiour,
Qui dictes deux meſſes pour iour,

LES REPVES DE

A sainct Innocent ou ailleurs,
Venez y pour scauoir plusieurs
Des passaiges & des adresses,
De maintes petites finesses
Que len faict bien facillement,
Qui aduient par faulte dargent,
En maint lieu la franche repue,
Qui ne doit a nul estre tenue,
Par tel sy, qui venu ny aura,
Payera a celuy qui sera
De ceste repue le present,
De lescot sen y ra exent.
Moyennant qui monstre ce liure,
Par ce moyen sera deliure,
En lieu ou naura este veu
Il sera franchement repeu,
Ainsi quon orra plus aplain,
Qui de lentendre prendra soing.
   Lacteur.
 Quant ieuz ouy ce mandemant

VILLON.

Quon sermonnoit venir a lacteur,
Le dessusdict iay pense fermement.
De moy trouuer & en prins laduéture,
Comme celuy qui de droicte nature,
Vouloit de ce faire narration
A celle fin quil en fust mention,
A vng chascun pour le temps aduenir
Qui sentendent & ont intention
Que les repues les viēdroyēt secourir.

 Mais ce secours est denciennemēt
De tous repas le chief: & par droicture
Parquoy aulcuns qui ont entendemēt
En treuuent bien aultres sil en ont
 cure,
Et ne serchent tant que largent leur
 dure,
Mais font du leur si grant destructiō,
Quilz en entrent en la subiection,
De faire aux dens larguemie sans
 faillir.   l. i.

LES REPVES DE

Capitaine du pont a billon,
Tous les subietz Francoys Villon,
Soyez a ce coup reueillez,
Pas ne debues estre oubliez
Tous gallans a pourpointz sans manches,
Qui ont besoing de repues franches,
Venez tous apprendre comment
Les maistres anciennement
Scauoyent bien tous les tours.
Messire chascun paucque denare,
Qui de liures scait les vsaiges,
En veult lire tous les passaiges,
De ce luy est prins appetis,
Venez y donc grans & petis,
Car de la science scauoir
Vous ne pouez que mieulx valoir.
Venez cheuaucheurs descuyrie,
Seruiteurs de grans seigneuries
Venez y sans dilation,

VILLON.

Toutes gens fotz de toutes fortes,
Venez y bigotz & bigottes,
Venez y poures trupelins
Aux cordeliers & iacopins,
Venez auſſi toutes preſtreſſes
Qui ſcauez pieca les adreſſes
Des preſtres hault & bas,
Gardez que vous ny faillez pas.
Venez gorriers & gorrieres,
Qui faictes ſi bien les manieres
Que ceſt vne choſe terrible,
Pour bien faire tout le poſſible,
Toutes manieres de farſeurs,
Anciens & ieunes mocqueurs,
Venez tous vrays maquereaulx
De tous eſtatz vieulx & nouueaulx,
Venez y toutes maquerelles,
Qui par voz ſubtilles querelles
Auez touſiours en voz maiſons
Pour auoir en toutes ſaiſons,

LES REPVES DE

A sainct Innocent ou ailleurs,
Venez y pour scauoir plusieurs
Des passaiges & des adresses,
De maintes petites finesses
Que len faict bien facillement,
Qui aduient par faulte dargent,
En maint lieu la franche repue,
Qui ne doit a nul estre tenue,
Par tel sy, qui venu ny aura,
Payera a celuy qui sera
De ceste repue le present,
De lescot sen y ra exent,
Moyennant qui monstre ce liure,
Par ce moyen sera deliure,
En lieu ou naura este veu
Il sera franchement repeu,
Ainsi quon orra plus a plain,
Qui de lentendre prendra soing.

    Lacteur.

 Quant ieuz ouy ce mandemant

VILLON.

Quon sermonnoit venir a lacteur,
Le dessusdict iay pense fermement.
De moy trouuer & en prins laducture,
Comme celuy qui de droicte nature,
Vouloit de ce faire narration
A celle fin quil en fust mention,
A vng chascun pour le temps aduenir
Qui sentendent & ont intention
Que les repues les viedroyēt secourir.

Mais ce secours est denciennemēt
De tous repas le chief: & par droicture
Parquoy aulcuns qui ont entendemēt
En treuuent bien aultres sil en ont
  cure,
Et ne serchent tant que largent leur
  dure,
Mais font du leur si grant destructiō,
Quilz en entrent en la subiection,
De faire aux dens larguemie sans
  faillir.

En atendant pour toute production
Que telles repues lesviēdrōt secouri[r]

Ien ay congneu que largemēt sou-
uent
Donnoyent a tous repues outre mes[ure]
Que despuis ont continuellemēt (re
Seruy le pont a baillon par droicture
Dont la facon a este a maint dure
En leur grant dueil & tribulation,
Mais lors nauoyent nulle remission,
Cōbien que'ce leur fist le cueur frem[ir]
Ilz nattendoyent aultre succession,
Que les repues les viēdroyēt secouri[r]

Prince puis que ne me puis secouri[r]
Que de telz faitz ne face mention
De ce que en mon temps'ay veu veni[r]
Ien vueil faire quelque narration,
Et escripre soubz la correction

VILLON.

Des escoutans affin den souuenir
Ceste presente nouuelle inuention
Que les repues les viē droyēt secourir.

La balade des escoutans.

Qui en a il est le bien venu,
Qui nen a point on nen tiēt compte.
Celuy qui en a il est bien congneu
Et cil qui nen a point vit a grāt honte.
Et qui paye on lexauce & monte
Iusques au tiers ciel pour impetrer
Son honneur tout aultre surmonte
Par force de bien acquester.

Quant entendisme les estatz,
De telz dissimulations,
Congnoissant les haulx & les bas,
Par toutes abreuiations,
Nous vismes sans sommations,

Aux champs par boys & par taillis,
Pour congnoiſtre les fictions
Qui ſe font ſouuent a Paris.

  Pource que chaſcun maintenoit
Que ceſtoit la ville du monde,
Qui plus de peuple ſouſtenoit,
Et ou maintz eſtranges abonde
Pour la grant ſcience parfonde
Renommee en icelle ville,
Ie partis & veulx quon me tonde,
Salentree auois croix ne pille,
Il eſtoit temps de ce coucher,
Et ne ſcauoye ou heberger,
Dung logis me vins approcher,
Scauoir ſon my vouldroit loger
En diſant, auez a menger?
Lhoſte me reſpondit, ſi ay.
Lors luy priay pour abreger,
Apportez le donc deuant moy.

VILLON.

Ie fus feruy paffablement,
Selon mon eftat & ma forte,
Et penfant a par moy comment
Ie cheuiroye auec lhofte,
Ie mauife que foubz ma cofte
Auoit vne efpee qui bien trenche,
Ie la lairray quon ne me lofte,
En gaige de ma repue franche.
Lefpee eftoit toute dacier,
Il ne f'n failloit que le fer,
Mais lhofte la me fift menger,
Fourreau & tout fans frifcaffer:
Puis apres me conuint penfer,
De repaiftre fe fain en auoye,
Rien ny euft valu le tencer,
De leans partis fans monnoye.

Lacteur.

Lendemain maloye enquerant
l. iii.

LES REPVES DE

Pour enquerir de Martin Gallant,
Droit en la salle du palays,
Rencontray pour mon premier mais,
Tout droit soubz la premiere porte,
Plusieurs mignons destrange sorte,
Qui sembloit bien a leur habit,
Quilz fussent gens de grant acquit.
Lors vins pour entre en la salle,
Lung y monte laultre deuaile,
La me pourmenoye de par dieu,
Regardant lestat de ce lieu.
Et quant ie leuz bien regardee,
Tant plus la veoye & plus magree
Ie vis la tant de mirelificques,
Tant damecons & tant dafficques,
Pour attraper les plus huppez,
Les plus rouges y sont gruppez.
A lung conuient vendre sa terre,
Mais sans sentir la sen desserre,
Partie ou peu en demourra.

VILLON.

Et tout ce que vaillant aura,
Cuydant destruyre son voysin,
De Poytou ou de Lymousin,
Ou de quelque aultre nation.
Maint en est en destruction,
Et fault ains partir de leans,
Quilz facent larquemye aux dens,
Ou emprunte qui a credit.
Tout ainsi que deuant est dict.
Quant leur argent fort sappetisse,
Lors leur est repue propice,
Et cerchent plus nen doubtez,
Hault & bas de tous costez,
Comme lon verra par demonstrance,
En ce traicte des repues franches.
Et quant au regard de plusieurs
Aultres repues assez escriptes,
Affin quon preigne les meilleurs,
En lisant grandes ou petites,
Vous aures mains moyens licites

l. iiii.

LES REPVES DE

Comme ilz ont este happez,
Hault & bas par bonne conduicte,
De ceulx qui les ont attrappez.

La premiere repue de Villon &
de ses compaingnons.

Qui na or ne argent ne gaige,
Comment peult il faire grant chere?
Il fault quil viue dauantaige
La facon en est coustumiere,
Scaurions nous trouuer maniere
De tromper quelqung pour repaistre
Qui le fera sera bon maistre,
Ainsi parloyent les compaignons,
De maistre Francoys Villon
Qui na vaillant deux ongnons,
Tentes, tapis, ne pauillons,
Il leur dist, ne nous soucions,
Car auiourdhuy sans nul deffault,

VILLON.

Pain & viande a grant foyson,
Aurez auec du roſt tout chault.

La maniere comment ilz
eurent du poyſſon.

Adoncques il leur demanda
Quelz viandes vouloyent menger,
Lung de bon poyſſon ſouhaita,
Lautre demanda de la chair,
Maiſtre Francoys ce bon archier
Leur diſt ne vous en ſoulciez.
Seullement voz pourpointz laſchez,
Car nous aurons viandes aſſez.

Lors partit de ces compaignons,
Et vint a la poyſſonnerie,
Et les laiſſa dela les pontz,
Quaſy plains de melencolie,
Il marchanda a chere lye,

LES REPVES DE

Vng pannier tout plain de poyſſon,
Et ſembloit ie vous certiffie
Quil fuſt homme de grant facon.
Maiſtre Francoys fut diligent
Dachapter, nompas de payer,
Et quil bailleroit de largent
Tout comptant au porte pannier.
Ilz partent ſans plus plaidoyer,
Et paſſerent par noſtredame,
La ou il vit le penancier,
Qui confeſſoit homme ou femme.
Quant il le vit a peu de plait
Il luy diſt, Monſieur ie vous prie
Que deſpechez ſil vous plaiſt
Mon nepueur, car ie vous affie,
Quil eſt en telle reſuerie,
Vers dieu il eſt fort negligent,
Il eſt en telle melencolie,
Quil ne parle rien que dargent.

VILLON.

Vrayement ce dit le penancier,
Tresuoulentiers on le fera.
Maistre Francoys print le panier,
Et dit, mon amy venez ca,
Vela qui vous depeschera
Incontinent quil aura faict.
Adonc maistre Francoys sen va,
A tout le pannier en effect,
Quant le penitencier eut parfaict
De confesser la creature,
Gaigne denier par dit parfaict,
Acourut vers luy bonne alleure
Disant, Monseigneur ie vous asseure,
Sil vous plaisoit prendre loysir,
De me despecher a ceste heure,
Vous me feriez vng grant plaisir.

Ie le vueil bien en verite,
Dist le penitencier par ma foy,
Or dictes Benedicite.

Et puis ie vous confesseray,
En apres ie vous absouldray
Ainsi que ie doy faire,
Puis penitence vous bauldray,
Qui vous sera bien necessaire.

Quel confesser? dist le poure hom
Fus ie pas a pasque absoulz?
Que bon gre sainct Pierre de Rōme
Ie demande cinquante soulz,
Quesse cy? a qui sommes nous?
Ma maistraisse est bien arriuee,
Acoup acoup despechez vous,
Payez mon panier de maree.

Ha mon amy ce nest pas ieu
Dist le penitencier seurement,
Il vous fault bien penser a dieu,
Et le supplier humblement.
Que bon gre en ayt mon serment,

VILLON.

Dist cest homme sans contredit.
Despechez moy legierement
Ainsi que le seigneur a dit.

Alors le penitencier vit bien
Quil y eut quelque tromperie,
Quant il entendit le moyen
Il congneut bien la ioncherie,
Le poure homme ie vous affie
Ne prisa pas bien la facon,
Car il neut ie vous certifie
Or ne argent de son poysson.

Maistre Francoys par son blason,
Trouua la facon & maniere,
Dauoir maree a grant foyson,
Pour gaudir & faire grant chere.
Estoit la mere nourriciere
De ceulz qui nauoyent point dargent
A tromper deuant & derriere,

Estoit vng homme diligent.

La maniere comment ilz eurent des trippes.

Que fist il a peu de plet,
Saduisa de grant ioncherie,
Il fist lauer le cul bien net
A vng gallant ie vous affie,
Disant quil conuient quil espie
Quant sera deuant la trippiere,
Monstre ton cul par raillerie,
Puis apres nous ferons grant chiere.
Le compaignon ne faillit pas,
Foy que doy sainct Remy de Reins,
A petit pont vint par compas,
Son cul descouurit iusques aux rains.
Quant maistre Francoys vit ce train,
Dieu scet sil fist piteuses lippes,
Car il tenoit entre ses mains,

VILLON.
Du foye, du polmon & des trippes.

Comment fil fuſt plain de deſpit,
Et courrouce amerement,
Il haulſa la main vng petit,
Et le frappa bien rudement
Des trippes par le fondement,
Puis ſans faire plus long quaquet,
Les voulut tout incontinent
Remettre dedans le baquet,
La trippiere ne les voulut reprẽdre,
Maiſtre Francoys ſans demourer,
Sen alla ſans compte luy rendre
Par ainſi vous pouez entendre,
Quilz eurent trippes & maree
Mais apres fault du pain tendre,
Pour ce diſner a grant riſee.

LES REPVES DE
La maniere comment ilz eurent du pain.

Il sen vint chez vng boulanger,
Affin de mieulx fornir son train,
Contrefaisant de lescuyer
Ou du maistre dhostel pour certain,
Et commanda que tout souldain
Cy pris cy mis on chappellast
Cinq ou six douzaines de pain,
Et que bien tost on se hastast:
Quant lamoytie fut chappelle,
En vne hotte le fist mettre,
Comment sil fust de pres haste,
Il pria & requist au maistre,
Quaucun se voulsist entremettre
Dapporter apres luy courant
Le pain chappelle en son estre
Tandis quon fist le demourant,
Le varlet le mist sur son col,

VILLON.

Apres maistre francoys le porte,
Et arriua soit dur ou mol,
Empres vne grant vielle porte,
Le verlet descharga sa hotte.
Et fut enuoye tout courant,
Hastiuement tenant sa hotte.
Pour requerir le demourant.

Maistre Francoys sans contredit.
Nattendit pas la reuenue,
Il eut du pain par son edit,
Pour fornir sa franche repue.
Le boulengier sans attendue
Reuint, mais ne le trouua point.
Son maistre de dul il tressue.
Quon lauoit trompe en ce point.

LA MANIERE COM-
ment ilz eurent du vin,
Apres quil fut fourny de viures,

m.i.

LES REPVES DE

Il fault auoir la memoire
Que silz vouloyent ce iour estre yure,
Il failloit quilz eussent a boire.
Maistre Francoys debuez croire,
Emprunta deux grans brotz de boys,
Disant quil estoit necessaire
Dauoir du vin par ambageoys.

Lug fist emplir de belle eaue clere
Et vint a la pomme de pin,
Portant ses deux brocs sans renchere,
Demandant silz auoient bon vin,
Et quon luy emplist du plus fin
Mais quil fust bon & amoureux,
On luy emplist pour faire fin
Dung tres bon vin blanc de baigneu
Maistre Frācoys print les deux brocs
Lung apres lautre les bouta
Incontinent par bon propos,
Sans se haster il demanda

VILLON.

Au varlet quel vin est cela,
Il luy dist vin blanc de baigneux,
Ostez, ostez cela,
Car par ma foy point ie nen veulx.

Quesse cy estes vous beiaulne,
Vuidez moy mon broc vistement,
Ie demane du vin de Beaulne,
Qui soit bon & non aultremēt.
Et en parlant subtillement
Le broc qui estoit deaue plain,
Luy changea a pur & a plain,
Par ce point ilz eurent du vin
Par fine force de tromper,
Sans aller parler au deuin
Ilz repurent per ou non per,
Mais le beau ieu fut a souper
Car maistre Francoys a brief mot
Leur dist ie me vueil occuper,
Que nous mangerons du rost.

m. ii

LES REPVES DE

La maniere comment ilz euren
du rost.

Il fut appointé quil yroit.
Deuant lestal dung rotisseur,
Et de la chair marchanderoit,
Contrefaisant du gaudisseur,
Et pour trouuer moyen meilleur,
Faignant que point on ne se ioue,
Il viendroit vng entrepreneur,
Qui luy bailleroit sur la ioue.

Il vint a la rostisserie,
En marchandant de la viande,
Lautre vint de chere marrie,
Quest ce que ce paillart demande?
Luy baillant vne buffe grande,
En luy disant mainte reproche.
Quant il vit quil eut ceste offrande,
Empoigna du rost plaine broche,

VILLON.

Celuy qui bailla le soufflet
Fuist bien tost a motz expres.
Maistre Francoys sans plus de plet,
A tout son rost courut apres.
Ainsi sans faire long proces,
Ilz repurent de cueur deuot,
Et eurent par leur grant exces,
Pain, vin, chair, poisson, & rost.

Et pour la premiere repue,
Dont apres sera mention,
Bien digne destre ramentue,
Et mise en reuelation.
Et pourtant sans correction,
Affin que len en parle encore,
Comme nouuelle inuention,
Redigee sera par memoire.

Or aduint de coup dauenture,
Que les suppostz deuant nommez,

Ne cherchoyent rien par droicture,
Que gens en richesses renommez.
Vng iour quilz estoyent affamez,
En la porte dung bon longis
Virent entrer sans estre armez
Embassadeurs de loing pays.

  Si penserent a eulx comment
Ilz pourroyent pour lheure repaistre
Et selon leur entendement,
Lung deulx saprocha du maistre
Dhostel, & se fist acongnoistre,
Disant quil luy enseigneroit
Le hault le bas marche pour estre
Par luy conduyt sil luy plasoit.

  Ie croy bien que monseigneur le
 maistre
Qui du bas mestier estoit tendre,
Fist ce gallant tresbien repaistre,
Et luy commenda charge prendre

VILLON.

De la cuysine dy entendre,
Tant que leurs train departira,
Et bien payera sans attendre,
A son gre quant il sen yra.

 Lors sen vint a ses compaignons
Dire nostre escot est payé,
Ie suis ia lung des grans mignõs,
De leans & mieulx auoye,
Car le maistre ma enuoye
Par la ville pour soy sortir,
Mais se mon sens nest desuoye,
Bien brief ie len feray repentir.
Va, luy dirent ses compaignons
Et esguise tout ton engin
A nous rechauffer les rongnons,
Et nous fais boire de bon vin
Passe tous les sens Pathelin,
De Villon & pauque denaire
Car sç venir peulx en la fin,

      m. iiii.

LES REPVES DE

Passé seras maistre ordinaire.

Ce gallant vint en la maison,
Ou estoyt logé lembassade
Ou les seigneurs par beau blason,
Deuisoyent rondeau ou ballade,
Il estoit miste, gent & sade
Bien abitué & bien empoint,
Robbe fourrée pourpoint dostade,
Il entendoit son contrepoint.

Le principal ambassadeur
Aymoit vng peu le bas mestier,
Dont le gallant fut a honneur,
Car cestoyt quasi tout son mestier.
Et luy compta que a son quartier
Auoit de femme largement
Qui estoyent sil estoit mestier,
A son ioly commendement.

VILLON.

Le gallant fut entrenu
Par ce seigneur venu nouueau,
Et leans il fut retenu,
Pour estre fin franc macquereau.
Le ieu leur sembla si beau,
Aussi il fist si bonne mine,
Quil fut esleu sans nul appeau
Pour estre varlet de cuysine.

Les embassadeurs conuoyerent
Seigneurs & bourgeois a disner,
Lesquelz voulentiers y allerent
Passer temps, point nen fault doubter
Touteffoys vous debuez scauoir,
Quelque chose que ie vous dye,
Que lambassadeur pour tout veoir
Craignoit moult fort lepidimie,
Ce gallant en fut aduerty,
Qui nonobstant fist bonne mine,
Et quant il fut pres de midi,

LES REPVES DE

A lheure quil est temps quon disne,
Il entra dedans la cuysine,
Manyant toute la viande
Comme docteur en medecine
Qui tient malades en commande.
Tous les seigneurs le regarderent
Son train, ses facons & manieres,
Mais apres luy pas ne tasterent,
Aussi ne luy challoit il gueres
Apres il print les esguieres,
Le vin, le clairé, lypocras.
Darioles, tartes entieres,
Il tasta de tout par compas.

 Et pouez bien entendre son cas,
Quant il vit quil estoit saison
A bien iouer ne faillit pas,
Pour faire aux seigneur la raison,
Si bien que dedans la maison
Demoura tout seul pour repaistre

VILLON.

Souſtenant par fine achoiſon
Qui ſe douloit du couſté deſtre.

Lors y auoit vne couchette
Ou il failloit faire la feſte,
Et na dent qui ne luy cliquette,
La ce miſt commencant a braire
Que len fuiſt au preſbytaire,
Pour faire le prebſtre acourir
A tout dieu & lautre ordinaire
Qui fault pour vng qui veult morir

Quãt les ſeigneurs virent le prebſtre,
Auec ſes ſacremens venir,
Chaſcun deulx euſt bien voulu eſtre
Dehors ie nen veulx point mentir
Si grant haſte eurent den ſortir
Que la demourerent les viures
Dont les compaignons du martir
Furent troys iours & troys nuytz
    yures.

LES REPVES DE

Par ce point eurent la repue
Franche chascun des compaignons
La finesse le prebstre la leue,
Affin de complaire aux mignons,
Mais les seigneurs dont nous parlons,
Eurent tous pour ce coup laubade,
Chascun deulx fut que nous ne faillō
De la grant peur troys iours malade

La seconde repue franche.

Vng lymousin vint a Paris,
Pour aulcun proces quil auoit,
Quant il partit de son pays
Pas grammant dargent il nauoit,
Et toutessoys il entendoit
Son faict & auoit souuenance,
Que son cas mal se porteroit
Sil nauoit vne repue franche.

Ce lymousin cest chose vraye,

VILLON.

Qui nauoit vaillant vng patart,
Se nommoit seigneur de Cambraye,
Sans quon le suyuist a son trac,
Plus ruse estoit qung vieillart,
Et affame comme vng vieil loup,
Auec monsigneur de Penessac,
Et le seigneur de la Mesou.

Les troys seigneurs sen retournerēt
Car ilz estoyent tous troys dung quar
Et dieu scait silz se saluerent,   (tier
Ainsi quil en estoit mestier.
Touteffoys ce bon escuyer
De Cambraye propos final,
Fut esleu leur grant conseillier,
Et le gouernent principal.

Ilz conclurent pour le meilleur,
Que ce bon notable seigneur
Iroit veoir sil pourroit trouuer,

Quelque bon lieu pour soy loger
Et selon quil trouueroit,
Aux aultres le racompteroit.

Or aduint enuiron midy,
Quilz estoyent de fain estourdis
Sen vint a vne hostellerie
En la rue de la mortellerie
Ou pend lenseigne du pestel
A bon logis & bon hostel,
Demandant son a que repaistre,
Ouy vrayment ce dist le maistre,
Ne soyez de rien en soucy,
Car vous serez tresbien seruy,
De pain de vin & de viande.

Pas grant chose ie ne demande
Dist le bon seigneur de Cambraye,
Il nya guere que iauoye
Desiune, mais touteffoys

VILLON.

Si ay ie difne mainteffoys
Que nauoye pas tel appetit.
Le feigneur mengea vng petit,
Car il nauoit guere dargent,
Commendant quil fuft diligent,
Dauoir quelque chofe de bon,
Pour fon foupper vng gras chapon,
Car il penfoit bien que le foir
Il deuoit auec luy foupper
Des gentilz hommes de la court.
Lhofteffe fut bien a fon court,
Car quant vint a compter lefcot,
Le feigneur ne dift oncques mot,
Mais tout ce quelle demanda
Le gentil homme luy bailla,
Difant vous compterez par raifon,
Boutant fon fac foubz fon effelle,
Et vint racompter la nouuelle
A ces compaignons & comment

LES REPVES DE

Il failloit faire saigement.

    Il fut dit a peu de parolles,
Pour euiter grans monopolles,
Que le seigneur de Penessac
Yroit deuant louer lestat,
Et blasonner la suffisance
De ce seigneur, car sans doubtance
La chose le valoit tresbien.
Et pour trouuer meilleur moyen,
Il menroit en sa compaignie,
En la maison la seigneurie.
Si vint demander a lhostesse,
Se vng seigneur plain de noblesse
Estoit loge en la maison.

    Lhostesse respondit que non,
Et que vrayement il ny auoit
Qung lymousin lequel debuoit,
Venir au soir souper leans.

VILLON.

Ha dist il dame de ceans,
Cest celuy que nous demandon
Par ma foy cest le grant baron
Qui est arriue au matin.
Ie nentens point vostre latin
Dist lhostesse vous parlez mal,
Il na iument ne cheual,
Il va a pied par faulte dasne.

Lors Penessac dit la dame
Il vient icy pour vng proces,
Il est appellant des exces
Quon luy a faictz en Lymousin
Et ainsi de pied affin
Que son proces soit plustost faict.
Lhostesse le creut en effaict.

Alors le seigneur de Sambraye
Arriue & dieu scait quel ioye,
Ces deux seigneurs icy luy firent,

Et le genoil embas tendirent
Aussi tost comme il fut venu,
Et par ce point il fut congneu
Quil estoit seigneur honnorable.

　　Le bon seigneur si vint a table,
En tenant bone grauite,
Vis a vis de lautre coste
Sassist le seigneur de lhostel,
Et eurent du vin dieu scait quel
Il ne failloit point demander.

Quant ce vint a lescot compter,
Lhostesse assez hault comptoit,
Mais au seigneur nen challoit,
Faignant quil fust tout plain dargent

　　Lors il dist quon fust diligent
De penser faire les litz,
Car il vouloit en ce logis

VILLON.

Coucher puis apres par expres
Il print son sac a ses proces,
Et le bailla leans en garde
Disant quon le contregarde,
Si de largent voulez auoir
Il ne fault que le demander,
Lhostesse ne fut pas ingrate,
En disant ie nen ay pas haste
Nespargnez rien qui soit ceans.

 Ces seigneurs coucherent leans
Espace de cinq ou six moys
Sans payer argent touteffoys,
Nonobstant ce quil demandoit
A son hostesse selle vouloit
Auoir de largent bien souuent.
Mais il nestoit point bien content,
De mettre souuant main en bource,
Lhostesse nestoit point rebource,
Et dist ne vous en soucyez,

Dieu merci iay argent assez
A vostre commandement.

 Ces mignons penserent comment
Ilz porroyent retirer leur sac,
Et lors monseigneur de Penessac
Dist a ce baron de Cambraye
Quil se boutast bien tost en voye,
Faignant quil est embesongne.

 Ce seigneur vint tout refrongne
Vers lhostesse par bon moyen
Et luy dist mon cas va tresbien,
Mon proces est ce iourdhuy iuge,
A coup quil ny ait plus songe,
Baillez moy mon sac somme toute
Car iay peur & fays grant doubte,
Que les seigneurs soyent departis

 Il print son sac a dieu vous dis

VILLON.

Ie reuiendray tout maintenant,
Il sen alla diligemment,
A tout ces proces & son sac,
Et le seigneur de Penessac,
Et de la maison lattendoyent,
Lesquelz seigneurs si sesbatoyent
A recueillir les torches culz
Des seigneurs qui estoyent venus,
Aux chambres & bien se pensoyent
Que a quelque chose seruoyent.

Ilz osterent tous ces proces,
De ce sac & par motz expres
Lemplirent de ces torcheculz,
Puis au soir quant furent venuz
A leur logis, fut mis en garde,
Et pour mieulx mettre en sauuegarde
Il fut boute par grant humblesse
Auec les robbes de lhostesse,
Qui sentoyens le muglias,

Au soir firent grant ralias,
Le landemain & fut raison,
De partir il fut saison,
Pour sen aller sans reuenir,
On cuydoit quilz deussent venir
Lendemain soupper & disner,
Pour leurs offices resiner,
Mais ilz ne vindrent onque puis,

Ilz faillirent cinq ou six nuitz
Dont lhostesse fut eschet & mac,
Car elle nosoit ouurir le sac
Sans auoir le conge du iuge,
Auquel auoit piteux deluge,
Tellement quil estoit necessaire,
Quon enuoyast vng commissaire
Pour ouurir ce sac somme toute.

Quant il est venu sans doubte,
Il laua ses mains a bonne heure,

VILLON.

De peur de gaster lescripture,
Car a cela estoit expert.
Touteffoys se sac fut ouuert,
Mais quant il le vit si breneux,
Il sen alla tout roupieux,
Cuydant que ce fust mocquerie,
Car il entendoit raillerie.
Ainsi partirent ces seigneurs
De Paris ioyeulx en couraige,
De tromper furent inuenteurs,
Cinq moys vesquirent dauentaige,
De blasonner ilz firent raige,
Leur hoste fut par eulx vaincu,
Ilz ne laisserent pour tout gaige
Q ung sac tout plain de torchecu.

La repue franche du souffreteux.

Ou prins argent qui nen a point?

n.iiii.

LES REPVES DE

Remede viure dauentaige,
Qui na robbe ne pourpoint,
Que pourroit il laisser pour gaige?
Touteffoys qui auroit lusaige
De dire quelque chansonnette,
Qui peust deffrayer le passaige,
Le payement ne seroit que honneste.

Lacteur.

Ainsi parloit se souffreteux
Qui estoit fin de sa nature
Moytie triste motie ioyeulx,
Du palays partit bonne alleure
En disant qui ne saduenture,
Il ne fera iamais beau fait,
Pour pourchasser sa nourriture,
Car il estoit de fain deffaict.
Pour trouuer quelque tromperie,
Le gallant se voulut haster:

VILLON.

En la meilleure hostellerie,
Ou tauerne salla bouter,
Et commenca a demander,
Son auoit rien pour luy de bon.
Car il vouloit leans disner,
Et faire chere de facon

   Lors on demanda quelle viande,
Il failloit a ce pelerin.
Ie respondit ie ne demande
Q une perdrix ou poussin,
Auec vne pinte de vin
De beaulne qui soit frais tiree.
Et puis apres pour faire fin,
Le cotteret & la bourree.

   Tout ce qui luy fut necessaire
Le varlet luy alla querir,
Le gallant sen va mettre a table,
Affin de mieulx se resiouyr,

Et disna la tout a loisir,
Mascant le sens trenchant du saige,
Mais il falut ains que partir,
Auoir vng morceau de fromage,
Adonc dist le clerc, mon amy
Il fault compter, car vous auez,
Tout partout sept soubz & demy,
Et conuient que les me payez.

Le gallant.

Ie ne scay comment les aurez,
Dist le gallant par sainct Gille,
Ie veulx bien que vous le saichez,
Ie ne soustiens ne croix ne pille.

Le clerc.
Qui na argent si laisse gaige,
Nest ce pas le faict droicturier?
Voulez vous viure dauantaige?

VILLON.

Et nauez maille ne denier?
Estes vous larron ne meurtrier,
Par dieu ains que dicy ie hobe,
Vous me payeres pour abreger,
Ou vous y laisserez la robbe.

Le gallant.

Quant est dargent ie nen ay point,
Affin de le dire tout hault.
Comment men iray ie en pourpoint,
Desnue comme vng marault.
Dieu mercy ie nay pas trop chault,
Mais sil vous plaisoit memployer,
Ie vous seruiray sans deffault,
Iusques a mon escot payer.

Le clerc.

Et comment le scauez vous faire?

LES REPVES DE

Dictes le moy tout plainement.
Le gallant.

Quoy toute chose necessaires
Point ne fault de mander comment.
Ie gaige que tout maintenant,
Que ie chanteray vng couplet,
Si hault & si cler ie me vant,
Que vous direz cela me plaist.

Lacteur.

Lors le uarlet uoyant cecy
Fut content de ceste gaigeure
Et pensa a luy mesmes ainsi
Quil attendroit ceste aduenture
Il luy disoit pour tous debat
Quil payast lescot bon alleure
Car son chant ne luy plaisoit pas.

Laccord fut dit laccord fut faict,

VILLON.

Deuant tous non bas en derriere,
Lors le gallant tire de faict,
De dedens sa gibeciere,
Vne bource dargent legiere
Qui estoit pleine de mereaulx.
Et chanta par bonne maniere
Haultement ces mot tous nouueaulx,
De sa bourse dessus la table
Frappa, affin que ie le notte,
Et comme chose conuenable,
Chanta ainsi a haulte notte.

Il fault payer son hoste,
Tout au long chanta ce couplet,
Le varlet estant coste a coste,
Respondit cela bien me plaist,
Touteffoys il nentendoit pas
Quil ne fust de lescot paye
Parquoy il failloit sur ce pas
De son sens fut moult desuoye

Deuant tous fut notiffie,
Q uil estoit gentil compaignon,
Et quil auoit par son traicte,
Bien disne pour vne chanson.

Cest bien disne quant on rechappe,
Sans desbourcer pas vng denier,
Et dire a dieu au tauernier,
En torchant son nez a la nappe.

La repue du pelletier,

Vng iour aduint qung pelletier,
Espousa vne belle femme,
Qui appetoit le bas mestier,
En faisant recorder la game,
Le pelletier sans penser blasme,
Ne sen souffioit qung petit,
Mieulx aymoit du vin vne dragme
Que coucher dedans vng beau lict.

VILLON.

Vng cure voyant cest affaire,
De la femme fut amoureulx,
Et pensa qua son presbytaire
Il maineroit ce maistre gueulx,
Il sen vint a luy tout ioyeulx,
A celle fin de le tromper,
En disant mon voysin ie veulx,
Vous donner annuyt a soupper,

Le pelletier en fut contant,
Car il ne vouloyt que repaistre,
Et alla tout incontinent
Faire grant chere auec le prestre,
Qui luy ioua dung tour de maistre,
Disant ma robbe est deffourree,
Il vous conuient la main mettre
Affin quelle soit deffourree.

Et bien ce dist le pelletier,
Monseigneur ien suis content,

Mais que men vueillez payer,
Ie suis tout vostre seurement.
Il firent leur appoinctement,
Quil auroit pour tout inuentoire,
Dix solz tournois entierement,
Et du vin largement pour boire.

  Par ainsi qui la despecheroit,
Car il estoit necessaire.
Et qui toute nuyt ueilleroyt
Auec son clerc au presbitaire.
Il fut content de cest affaire,
Mais le cure les an ferma,
Soub la clef sans grant noyse faire,
Puis hors dela maison alla.

  Le cure vint en la maison
Du pelletier par ses sornettes,
Et trouua si bonne achoyson,
Quil fist tresbien ces besongnettes.

VILLON.

Ilz firent cent mille chofettes,
Car ainfi comme il me femble,
Ce fourreur pour la repue franche,
Fut faict coqu bien fermement
Et luy chargea la dame blanche
Quil y retournaft hardiment
Et que par fon fainct facrement,
Iamais nul iour ne loublira,
Mais luy fera hebergement,
Toutes les foys quil luy plaira.
Et poutant fe donne foy garde
Chafcun qui aura belle femme,
Quon ne luy ioue telle aubade,
Pour la repue ceft grant diffame,
Quant il eft fceu ce neft que blafme,
Et reproche au temps aduenir.
Vela de la repue grant gaigne,
Pourtant ayez en fouuenir.

    La repue franche des gallans
fans foulcy.

LES REPVES DE

Vne assemblee de compaignons
Nommez les gallans sans soucy
Se trouuerent entre deux pontz
Pres le palays il est ainsi,
Daultres y en auoit aussi
Qui aymoyent bien besoigne faicte,
Et estoient franc cueur aransi,
Et labbe de saincte souffrette.

Ces cõpaignons ainsi assemblez
Ne demanderent que repas,
Dargent ily nestoyent pas comblez,
Non pourtant ilz ne donnoyent pas
Ilz se bouterent tous a tas,
A lenseigne du plat destaing,
Ou ilz repurent par compas
Car ilz en auoyent grant besoing.

Quant ce vint a lescot compter,
Ie croy que nully ne ce courcé,

VILLON.

Mais le beau ieu est au paier
Quant il nya denier en bourçe,
Nul deulx nauoit chere rebourfe
Pour de lefcot venir au bout.
Dift vng gallant de plaine fource,
Il nen fault qung pour payer tout.

Ilz appointerent tous enfemble,
Que lung diceulx on banderoit
Par ainfi felon qui me femble
Le premier qui empoigneroit,
Eftoit dit que lefcot payeroit,
Mais en iceulx eut grant difcord,
Chafcun bende eftre vouloit,
Dont ne peurent eftre dacord,

Le varlet voyant ces debatz
Leur dit, nul de vous ne fefmoye,
Ie fuis content que par compas
Tout maintenant bande ie foye.

o. iij

Les gallas en eurent grant ioye,
Et le banderent en ce lieu,
Puis chascun deux si print la voye,
Pour sen aller sans dire a dieu.

  Le varlet qui estoit bande
Tournoit parmy la maison.
Il fut de lescot prebende
Par ceste subtile chaysion.
Affin dauoir prouision
De lescot lhoste monte en hault,
Quant il vit ceste inuention,
A peu que le cueur ne luy fault.

En montant lhoste fut happe
Par son varlet sans dire mot,
Disant ie vous ay attrape,
Il fault que vous payez lescot,
Ou vous laisserez le surcot
Dequoy il ne fut pas ioyeulx,

VILLON.

Cuydant quil fust mathelineux.

Quant le varlet se desbenda,
Et la tromperie peult bien cognoistre
Fut estonne quant regarda,
Et vit bien que cestoit son maistre,
Penses quil en eut belle lettre
Car il parla lors a baston
Et pour sa peine sans rien mettre,
Il eut quatre coups de baston.

Ainsi furent sans rien payer,
Les poures gallans deliurez
De la maison du tauernier
Ou ilz sestoyent presque enyurez,
De vin quon leur auoit liurez,
Pour boire a plain gobelet,
Que paya le poure varlet.

Et ce soit vray ou certain,

LES REPVES DE

Ainsi que mont dit cinq ou six,
Le cas aduint au plat destain
Pres sainct Pierre de Assis,
Bien escheoit vng grant mercis
A tout le moins pour ce repas,
Et si ne payerent pas.

Aussi fut si bien aueugle,
Le poure varlet malheureulx,
Qui fut de tout cela sangle,
Et faillust quil payast pour eulx,
Et sen allerent tous ioyeulx
Les mignons torchant leur visaige
Qui auoyent disne dauentaige.

La repue faicte aupres de mont faulcon.

Pour passer temps ioyeusement,
Racompter vueil vne repue,

VILLON.

Qui fut faicte subtillement
Pres mont faulcon cest chose sceue,
Et diray la desconuenue
Quil aduint de fins ouuriers
Aussi y sera ramentue
La finesse de ces escolliers.

Quāt cōpaignons sōt desbauchez
Ilz ne cerchent que compaignie,
Plusieurs ont leurs vins vendangez,
Et beu quasy iusques a la lye.

Or aduint que grant mesgnie
De compaignons se rencontrerent,
Et sans trouuer la saison chere,
Chascun deulx se resiouyssoit
Disant bons motz faisant grant chere
Par ce point le temps se passoit.

o. iiii.

LES REPVES DE

Mais lung deulx promis auoit
De coucher auec vne garce,
Et aux aultres le racomptoit
Par ieu en maniere de farce.

Tant parlerent du bas meſtier
Qui fut conclud par leur façon
Quilz yroyent ce ſoir la coucher,
Pres le gibet de mont faulcon,
Et auroyent pour prouiſion,
Vng paſte de façon ſubſtille
Et meneroyent en concluſion
Auec eulx chaſcun vne fille.

Ce paſte ie vous reſpons,
Fut faict ſans demander quil coſte,
Car il y auoit ſix chapons
Sans la chair que point ie ne boute,
On y euſt bien tourne le coute,
Tant eſtoit grant nen doubtez.

VILLON.

Le prince des sotz & sa routte,
En eussent este bien souppez.
Deux escolliers voyant le cas,
Qui ne scauoyent rien de tromper,
Sans prendre conseil daduocatz,
Ilz se voullurent occuper
Pensant a eulx comme atrapper
Les pourroyent destoc ou de henche,
Car ilz voulloyent ce soir soupper
Et auoir vne repue franche.

Sans aller parler au deuin,
Lung prist ce paste de facon,
Lautre emporta vng broc de vin,
Du pain assez selon raison
Et allerent vers mont faulcon
Ou estoit toute lassemblee.
Filles y auoit a foyson,
Faisant chere desmesuree.

LES REPVES DE

Aussi iuste comme lorloge,
Par deuis & par bonne maniere
Ilz entrerent dedans leur loge,
Esperant de faire grant chiere
Et tasterent deuant & derriere
Les poures filles hault & bas.

  Les escolliers sans nulle fable,
Voyant ceste desconuenue,
Vestirent habitz de diable
Et vindrent la sans attendue.
Lung vng croc laultre vne massue,
Pour auoir la franche repue,
Vindrent assaillir les gallans,
Disant a mort a mort a mort,
Prenez a ces chesnes de fer
Ribaulx, putains par desconfort
Et les amenez en enfer.
Ilz feront auec Lucifer
Au plus parfond de la chauldiere.

VILLON.

Et puis pour mieulx les eschauffer
Gettez feront en la riuiere.

 Lung des gallans pour abbreger,
Respondit ma vie est finee
En enfer me fault heberger,
Vecy ma derniere iournee,
Or suis bien ame dampnee,
Nostre peche nous a attains,
Car nous yrons sans demourer
En enfer auec ces putains.

 Se vous les eussiez veu fouyr,
Iamais ne vistes si beau ieu,
Lung a mont lautre aual courir
Chascun deulx ne pensoit qua dieu,
Ilz sen fouyrent de ce lieu,
Et laisserent pain, vin, viande,
Criant sainct Iehan & sainct Mathieu
A qui ilz feroyent leur offrande.

Noz efcolliers voyant cecy,
Nonobſtant leur habit du diable,
Furent alors hors de foulcy,
Et faſſirent treſtous a table,
Et dieu ſcait ſi firent la galle
Entour le vin & le paſte,
Et repeurent pour fin finalle
De ce qui eſtoit appreſte.
Ceſt bien trop qui rien ne paye,
Et qui peut viure daduentaige,
Sans deſbourcer or ne monnoye.
En vſant de ioyeulx langaige
Les efcolliers de bon couraige,
Paſſerent temps ioyeuſement,
Sans payer argent ne gaige,
Et ſi repeurent franchement.

Se vous voullez ſuyure leſcolle
De ceulx qui viuent franchement,
Liſez en en ceſtuy prothecolle,

VILLON.

Et voyez la facon comment,
Mettez y voſtre entendement
A faire comme ilz faiſoyent,
Et ſil nya empeſchement,
Vous viurez comme ilz viuoyent.

FIN DES REPVES
franches de maiſtre Fran-
coys Villon.

S'ENSVIT LE MONO-
logue du franc archier de Baignollet
avec son Epitaphe.

        Est a meshuy iay beau corner
C   Or ca il sen sault retourner
        Maulgre ses dentz en sa mai-
Ie ne vis ie pieca saison   (son,
Ou ieusse si herdy couraige
Que iay. Par la mor bieu ien raige
Que ie nay a qui me combattre,
Ha il homme qui a quatte
Oyie y a il quatre qui veullent
Combatre a moy, se tost recueillent
Mon gantelet, vela pour gaige.
Par le sang bieu ie ne crains paige
Il na point plus de quatorze ans.
Iay autresfoys tenu les rencz
Dieu mercy & gaigne le pris
Contre cinq Angloys que ie pris

LE FRANC ARCHIEI

Poures prisonniers desnuéz,
Si tost que ie les eu tuéz,
Ce fut au siege Dalençon,
Les troys se misrent a rançon
Et le quatriesme sen fuit.
Incontinent que lautre ouyt
Ce bruit, il me print a la gorge,
Se ie neusse crié sainct George
Combien que ie suis bon Francoys,
Sang bieu il meust tué ancoys
Que personne meust secouru.
Et quant ie me senty feru
Dune bouteille quil cassa
Sur ma teste, venez va ça
Dis-ie lors que chascun sappaise
Ie ne quiers point faire de noise:
Ventre bieu & beuuons ensemble.
Pose soit ores que ie tremble
Sang bieu ie ne vous crains pas maill

DE BAIGNOLLET.

*Cy dit vng quidem par derriere
les gens Coquericoq.*

Queffe cy iay ouy poullaille
Chanter chez quelque bonne vielle,
Il conuient que ie la refueille
Poullaille font icy leurs nidz,
Ceft du demourant daucenys.
Par ma foy ou de champ tourfe,
Helas que ie me vis courfe
De la mort dung de mes nepueux.
Ieuz d'ung canon par les cheueux,
Qui me vint cheoir tout droit en bar
Mais ie mefcriay faincte Barbe, (be
Vueille moy ayder a ce coup,
Et ie tayderay lautre coup.
Adonc le canon mefbranfla,
Et vint cefte fortune la
Quant nous eufmes le fort conquis,
Le Baronnat & le Marquis,

p.i.

LE FRANC ARCHIER

Cran curſo laigle & breſſoyere,
Acoururent pour veoir lhiſtoire,
La Rochefouquault Lamiral
Auſſi Benil ſon atirail,
Ponticure, tous les capitaines
Y deſchauſſerent leurs mitaines
De fer, de peur de maſſoler
Et ſi me vindrent acoler
A terre ou ieſtoye meſhaigné.
De peur de dire il n'a daigné
Combien que ie fuſſe malade,
Ie mis la main à la ſalade,
Car elle meſtouffoit le viſaige,
Ha diſt le Marquis ton outraige
Te fera vne foys mourir,
Car il m'auoit bien veu courir
Oultre loſt deuant le chaſteau.
Helas gy perdy mon manteau
Car ie cuidoye d'une poterne
Que ce fuſt lhuys dune tauerne,

DE BAIGNOLLET.

Et moy tantoſt de pietonner.
Car quant on ouyt clarons ſonner
Il neſt couraige qui ne croiſſe.
Tout auſſi toſt ou eſſe?ou eſſe?
Et a brief parler ie my fourre
Ne plus ne moins quen une bourre
Si cen'euſt eſté la brairie
Du coſté deuers la prairie
Qui diſoit Pierre que faictes vous?
De nos gens qui crioent treſtous,
Naſſaillez pas la baſſe court,
Tout ſeul ie leuſſe prins tout court
Certes, mais ſeuſt eſte outraige.
Et ce neuſt eſte vng paige
Qui nous vint trencher le chemin
Mon frere darmes Guillemin
Et moy, dieu luy pardoint, pourtant,
Car quoy il nous en pend autant
A loeil, nous euſſions ſans nulle faille,
Frappé au trauers la bataille.

LE FRANC ARCHIER

Des bretons, mais nous apaisames
Noz couraiges & recullames:
Que dyie? nompas reculer
Chose dont on doybue parler.
Vng rien iusque au lyon Dangiers,
Ie ne craignoye que les dangiers
Moy, ie nauoye peur daultre chose,
Et quant la bataille fut close
Dartillerie grosse & gresle,
Vous eussez ouy pesle, mesle,
Tip, tap, sip, sap a la barriere
Aux esles deuant & derriere,
Ien eu dung parmy la cuirace,
Les dames qui estoyent en la place
Si ne craignoyent que le coullart,
Certes iestoye bien paillart:
Ien auoye vng si portatif,
Se ie neusse esté si hastif
De mettre le feu en la pouldre,
Ieusse destruit & mis en frouldre

DE BAIGNOLLET.

Tout quanque auoit de damoiselles.
Il porte deux pierres iumelles
Mon coullart, iamais nen a moins.
Et dames de ioindre les mains,
Quant ilz virent donner lassault,
Les vngs si seruoyent du courtault
Si dru, si net, si sec que terre,
Et puis quoy? parmy ce tonnerre
Vous eussez ouy sonner trompillez
Pour faire dancer ieunes filles
Au son du courtault haultement,
Quant gy pense par mon serment
Cest vaine guerre quauec femmes,
Iauoye tousiours pitie des dames.
Veu qúg courtault tresperce vng mur
Ilz auroyent le ventre bien dur
Sil ne passoit oultre, pensez
Quon leur eust faict du mal assez,
Se len neust eu noble couraige,
Mesmes ces pehons de villaige,

LE FRANC ARCHIER

Ientens pehons de plat pays
Ne se fussent point esbahis
De leur mal faire, mais nous sommes,
Tousiours entre nous gētilz hommes
Au guet dessus la villenaile,
Ietoye pardeca la bataille
Tousiours la lance, ou boutaille
Sur la cuisse, cestoit merueille
Merueille de me regarder.
Il vint vng Breton estrader
Qui faisoit rage dune lance:
Mais il auoit de ieune enfance
Les rains rompus cestoit dommaige.
Il vint tout seul par son oultrage
Estrader par mont & par val,
Pour bien pourbondir vng cheual
Il faisoit feu, voire & flanrbe.
Mais ie luy tranchy vne iambe
Dung reuers iusques a la hanche,
Et fis ce coup la au Dimenche,

DE BAIGNOLLET.

Que dyie? vng lundy matin,
Il ne seruoit que de satin
Tant craignoit à greuer ses reyns.
Voulentiers frappoit aux chamfrains
Dung cheual quant venoit en iouste
Ou droit a la queue sans doubte,
Point il ne frappoit son roussin
Pource quil auoit le farcin,
Que dung baston court & noailleux,
Dessus sa teste & cheueulx,
De peur de le faire clocher.
Aussi de peur de tresbucher,
Il alloit son beau pas tric, trac
Et vng grant panon de bissac
Voulentiers portoit sur sa teste,
Dung tel homme fault faire feste,
Autant que dung million dor.
Gens darme cest vng grant tresor,
Sil vault riens il ne fault pas dire,
Iay fait raige auec la Hire.

LE FRANC ARCHIER

Ie lay feruy treftout mon aage,
Ie fus gros vallet & puis page,
Archier & puis ie pris la lance,
Et la vous portoye fur la penfe
Toufiours trouffe comme vne coche,
Et puis monfeigneur de la Roche
Qui dieu pardoint me print pour
    paige.
Ieftoye gent & beau de vifaige,
Ie chantoye & brouilloye des fluftes,
Et fi tiroye entre deux butes,
A brief parler ieftoye ainfi
Mignon comme ceft enfant fy
Ie nauoys gramment plus daage,
Or ça ça par ou affauldrayie
Ce coc que iay ouy chanter,
A petit parler bien vanter,
Il fault affaillir ceft hoftel.

DE BAIGNOLLET.

Adonc appercoit le franc archier vng espouentail de cheneuiere faict en façon dung gendarme, croix blanche deuant, & croix noire derriere, en sa main enant vne arbaleste.

Ha le sacrement de lautel
Ie suis affoibli quesse cy.
Ha monseigneur pour dieu mercy,
Hault le trait quaye la vie franche,
Ie voy bien a vostre croix blanche
Que nous sommes tout dung party.
Dont tous les diables est il sorty
Tout seulet ainsi effroye,
Comment estes vous desuoye
Metttez ius ie gage lamende
Et pour dieu mon amy desbende
Au hault ou au loing ton baston.

Adonc il aduise sa croix noire,

LE FRANC ARCHIER

Par le sang bieu ceft vng Breton.
Et ie dy que ie fuis Francoys,
Il eft fait de toy cefte foys
Ceft Pernet du party contraire,
Hen dieu & ou voulez vous traire
Vous ne fcauez pas que vous faictes.
Dea ie fuis Breton fi vous leftes,
Viue fainct Denis ou fainct Yue,
Ne men chault qui, mais que ie viue.
Par ma foy monfeigneur mõ maiftre,
Se vous voulez fcauoir mon eftre
Ma mere fut nee Daniou
Et mon pere ie fcay dou
Sinon que iouy reueller
Quil fut natif de Mompelier
Comment fcauray ie voftre nom?
Monfeigneur Rollant ou yuon,
Mort feray quant il vous plaira.
Et comment il ne ceffera
Meshuy de me perfecuter

DE BAIGNOLLET

Et si ne me veult escouter
En lhonneur de la passion
De dieu que iaye confession,
Car ie me sens ia fort malade
Or tenez vela ma salade
Qui nest froissee ne couppee
Ie la vous rens & mon espee,
Et faictes prier dieu pour moy.
Ie vous laisse sur voltre foy
Vng veu que ie doibs a sainct Iacques
Pour le faire prendrez mon iacques,
Ma ceinture & mon cornet.
Tu meurs bien maulgre toy Pernet
Voire maulgre toy & a force,
Puis quendurer fault cesse force,
Priez pour lame sil vous plaist
Du franc archier de Baignolet,
Et mescripuez a vng paraphe
Sur moy ce petit epitaphe,
 Cy gist Pernet franc archier,

LE FRANC ARCHIER

Qui cy mourut sans desmarcher,
Car de fuir neut onc espace
Lequel dieu par sa saincte grace
Mette es cieulx auecques les ames
Des frács archiers & des gés darmes.
Arriere de arbalestriers
Ie les hay tous ce sont meurdriers,
Ie les congnois bien de pieca
Et mourut lan quil trespassa.
Vela tout, les motz sont tresbeaux,
Or vous me lairrez mes hoseaulx,
Car se ialloye en paradis,
A cheual, comme fist iadis
Sainct Martin & aussi sainct George,
Ien seroye bien pluspreft. or ie
Vous laisse gantelet & dague,
Car ausurplus ie nay plus bague
Dequoy ie me pulsse deffendre.
Attendez, me voulez vous prédre
En desaroy, ie me confesse

DE BAIGNOLLET.

A dieu, tendis quil nya presse
A la vierge & à tous sainctz
Or meurs ie les membres tous sains,
Et tout en bon point se me semble.
Ie nay mal sinon que ie tramble
De peur, & de malle froidure.
Et de mes cinq cens de nature
Cinq cens, ou prins qui ne les emble,
Ie nen veiz onques cinq cés ensemble
Par ma foy nen or nenen monnoye,
Pour neant men confesseroye,
Oncques ensemble nen veiz deux.
Et de mes sept pechez mortelz,
Il fault bien que men supportez
Sur moy ie les ay trop portez
Ie les metz ius auec mon iacques
Ieusse attendu iusques a pasques,
Mais vecy vng auancement
Et du premier commendement
De la loy qui dit quon doibt croire,

LE FRANC ARCHIER

Non pas lestoc quant en va boire
Cela sentend en vng seul dieu.
Iamais ne me trouuay en lieu
Ou gy creusse mieulx qua ceste heure
Mais qua ce besoing me secueure
Ne desbendez ie ne me fuys,
Helas ie suis mort ou ie suis,
Ie suis aussi simple, aussi coy
Comme vne pucelle, car quoy
Dit le second commendement
Quon ne iure dieu vainement
Non ay ie en vain, mais tresferme,
Ainsi que fait vug bon gendarme
Car il nest rien craint sil ne iure.
Le tiers nous enioingt & procure
Et aduertist & admonneste,
Que on doit bien garder la feste
Tant en hyuer que en este.
Iay tousiours faict voulentiers feste,
De ce ne mentiray ie point.

DE BAIGNOLLET.

Et le quatriefme nous enioingt
Quon doit honnorer pere & mere,
Iay toufiours honnore mon pere,
En moy congnoiffant gentil homme.
De fon cofte combien quen fomme
Sois villain, & de villenaille
Et pour dieu mon amy que iaille
Iufques amen mifericorde.
Releuez vng peu voftre corde,
Ferez que le traict ne me bleffe.
Item morbieu ie me confeffe
Du cinquiefme, fequentement,
Deffend il pas expreffement
Que nul fi ne foit point meurtrier?
Las monfeigneur larbaleftrier
Gardez bien ce commandement,
Quant a moy par mon facrement
Meurdre ne fis onc quen poullaille.
Laultre commendement nous baille
Quon nemble rien, ce ne fis oncque,

LE FRANC ARCHIER

Car en lieu nen place quelquoncque
Ie neuz loyſir de rien embler,
Iay aſſez a quil reſembler,
En ce point ie nay point meſfait,
Car ſe len meuſt pris ſur le fait,
Dieu ſcet comme il me fuſt meſcheu

   Cy laiſſe tomber a terre leſpou
  antail celluy qui le tient.

Las monſeigneur vous eſtes cheu,
Ieſus & qui vous a boute?
Dictes ſe nay ie pas eſte
Vrayement, ou diable ne memporte
Au cas, dictes ie men raporte,
A tous ceulz qui font cy beau ſire,
Affin que ne vueillez pas dire,
Que ſe demain ou pour demain,
Au fort baillez moy voſtre main,
Ie vous ayderay a leuer.

DE BAIGNOLLET.

Mais ne me vueillez pas greuer,
Iay pitie de voſtre fortune.

Cy appercoyt le frāc archier,
de leſpouantail que ce neſt
pas vng homme.

Par le corps bieu ien ay pour vne,
Il na pie ne main, il ne hobe,
Par le corps bieu ceſt vne robe
Plaine, dequoy?charbieu de paille.
Queſſe cy morbieu on ſe raille
Se cuiday ie des gens de guerre,
Que la fieure quartaine ſerre
Celluy qui vous a mis icy
Ie le feray le plus marry
Par la vertu bieu quil fut oncques.
Se mocque on de moy quelconques.
Et ce neſt iāduou ſainct Pierre,
Qun eſpouantail de cheneuiere,

q. i.

LE FRANC ARCHIER

Que le vent a cy abatu.
La mort bieu vous ferez batu
Tout au trauers de ceste espee.
Quant la robbe seroit couppee
Ce seroit vng tresgrant dommaige.
Ie vous emporteray pour gaige
Touteffoys apres tout hutin,
Au fort ce sera mon butin,
Que ie rapporte de la guerre,
On sest bien raille de toy, Pierre,
La charbieu saincte & beniste
Vous eussiez eu lassault bien viste
Se ieusse sceu vostre prouesse.
Vous eussiez tost eu la renuerse,
Voire quelque paour que ien eusse.
Or pleust a Iesus que ie fusse
A tout cecy en maison
Quil poise mengie a foison
De paille, elle chiet par derriere
Cest paine pour la chamberiere

DE BAIGNOLLET.

De la porter hors de ce lieu.
Seigneurs ie vous comment a dieu
Et fe lon vous vient demander
Queft deuenu le franc archier,
Dictes quil neft pas mort encor
Et quil emporte dague & cor
Et reuiendra par cy de brief.
A dieu ie men vois au relief.

FIN DV MONOLO-
gue du franc archier de Baignollet.

DYALOGVE DES MESsieurs de mallepaye & de bailleuant.

Monsieur de bailleuant.

Monsieur de mallepaye.
   Mallepaye.
Quoy.
   Bailleuant.
De neuf,
    M
On nous tient en aboy.
Comme despourueux malureux.
    B
Si iauoye autant que ie doy,
Sang bieu ie seroye chez le roy,
Vng paige apres moy, voire deux.
    M
Nous sommes francs,

BAILLEVANT

Aduentureux.   B
                         M
Riches.
                         B
Bien aises.
                         M
Plantureux
                         B
Voyre desouhais.
                         M
Cest assez.
                         B
Gentilz hommes,
                         M
Hardis
                         B
Et preux.
                         M

q.iiij.

Par lhuys,
        B.
Du ioly souffreteux,
        M.
Heritiers,
        B.
De gaiges cassez.
        M.
Nous sommes puis trois ans pass.z
Si mainces.
        B.
Si mal compassez,
        M.
Si simples.
        B.
Ligiers comme vent.
        M.
Si esbaudiz,
        B.
Si mal tapiz.
        M.

BAILLEVANT.

De dōner pour dieu dispensez,
Car nous ieusnions assez souuent.
B.
Hee monsieur de mallepaye
Qui peult trouuer soubz quelque amant
Deux ou troys mille escus: quelle proye,
M.
Nous ferions bruyt,
B.
Toutalesment.
M
Le quartier en vault larpent
Par dieu monsieur de Mallepaye.
B.
Ie escriptz contre ces murs.
M.
Ie raye,
Puis de charbon & puis de croye.

MALLEPAYE ET

B
Ie raille,
M
Ie fays chere a tous.
B
Nous auons beau coucher en raye,
L oreille au vent la guelle baye,
On ne faict point porchatz de nous.
M
Helas, feront nous iamais foulx.
B
Il ne fault que deux ou trois coups
pour nous Remonter.
M
Doux,
B
Droictz,
M
Drutz,
B
Pour fringuer

BAILLEVANT.

M.
Pour porter le houx.
B.
Gens,
M.
A dire dont venez vous?
De feriez tous recreux.
B.
Francs.
M.
Fins.
B.
Froictz.
M.
Fors.
B.
Grans.
M.
Gros.
B.
Escreux.

M.
Et silz nauions nulz biens acreuz.
B.
Nous debuons,
M.
On nous doibt.
B.
Fourraige,
M.
Entretenuz,
B.
Comme poux creux
M.
Iurons sang bieu nous serons creuz,
Arriere piettons de village.
B.
Ne suis ie pas beau personnaige.
M.
Iay train de seigneur,
B.

BAILLEVANT.

Pas de saige.
M
Ressourdant,
B.
Comme bel alain.
M.
Pathelin en main,
B.
Dire raige.
M.
Et par la mort bieu cest dommaige
Que ne mettons villains en run.
B.
Hee cinq cens escus
M.
Cest esgrun.
B.
Quant ien ay ien offre a chascun,
Et suis bien aise quant ien preste.
B.

Mes rentes sont sur le commun,
Mais poures gens nen ont pas vng
Ie my romperoye pour neant la teste.
B.
Sil nous pouoyt venir quelque enque
Quelque mandemēt ou requeste, (ste
Ou quelque bonne commission.
M.
Mais en quelque banquet honneste,
Faire acroire a cest ou a ceste,
La pramatique sanction.
B.
Et si elle y croit,
M.
Promission.
B.
Si elle promect.
M.
Monicion.
B.

BAILLEVANT.

Si on ladmoneste,
M.
Que on marchande.
B.
Si on faict marche,
M.
Fruiction.
B.
Se on fruit,
M.
La petition
En forme de belle demande
Dung beau cent escus.
B.
Quel viande,
M.
Qui lauroit quant on la demande
On feroit.
B.
Quoy?

MALLEPAYE ET
B.
Quoy?
M.
Feu.
B.
Sainct Iehan voire.
M.
On tauxeroit bien grosse admende
Sur le faict de ceste demande
Se ien quictoye le petitoire.
B.
Quel bien.
M.
Quel heur.
B.
Quel accessoire.
M.
Ie me raffroichiz la memoire
Quant il men souuient,
B.

BAILLEVANT.

Quel plaisir.
M.
Se on nous bailloit par inuentoire
Deux mil escuz en vne armaire
Ilz nauroient garde de y moysir.
B
Qui peult prandre.
M.
Qui peult choisir.
B
Gaigner.
M.
Espargner.
B.
Se saisir.
Nous serions par tout bien venuz.
M.
Vng songe,
B.
Mais quel?

MALLEPAYE ET

M.
De plaisir.
B.
Nous prédrons si bien loisir
De compter ne scay quantz escuz.
M.
Nous sommes bien entretenuz.
B.
Aymez,
M.
Portez,
B.
Et soustenuz,
M.
De noz parens
B.
De bonne race.
M.
Rentes assez & reuenuz,
Et si a present nen auons nulz,

BAILLEVANT.

Ce neſt que malheur qui nous chaſſe.
B.
Ie nen faiz compte.
M.
Ie reimaſſe,
B.
Ie volle par coups
M.
Ie tracaſſe
Puis au poil puis a la plume.
B.
Ie gaudis & ſi ie rimaſſe
Que voulez vous il tient que ad ce
Que ie ne lay pas de couſtume.
M.
Dhonneur aſſez.
B.
Chaſcun en hume.
M.
Ie deſtains le feu,

r.i.

MALLEPAYE ET

B.
Ie la hume.
M.
Ie mesbas.
B.
Ie passe mon dueil.
M.
Le plus souuent quant ie me fume,
Ie batteroye comme fert denclume,
Se ie me trouuoye tout seul.
B.
Ie ris.
M.
Ie baue sur mon seuil.
B.
Ie donne aquelque vne
vng guin dueil.
M.
Ie mesbas a ie ne scay quoy,
B.
Ientretiens.

BAILLEVANT.
M.
Ie faiz bel acueil.
B.
On me fait ce que ie veueil,
Quất nous sommes mon paige & moy
M.
Ie ne demande quauoir de quoy
Belle amye, & viure a requoy,
Faire tousiours bonne entreprise,
Belles armes loyal au roy.
B.
Mais, trois poulx rempans en a boy,
pour le gibier de la chemise.
M.
Ie porteroye pour deuise
La marguerite en or assise,
Et le houlx par tout estandu,
B.
Vostre cry quel?

MALLEPAYE ET

M.
Nouuelle guise.
B.
Riens en recepte tant en mise
Et toute somme Item perdu.
M.
Ie vous seroye au residu
Gorgias sur le hault verdi
Le bel estomac dalouette.
B.
Robbe.
M.
De gris blanc gris perdu
Bien emprunte & mal rendu
Paye dune belle estiquette.
B
Puis la chaine dor la baguette
Le latz de soye, la cornette
De velours ce bel affiquet,

BAILLEVANT

M.

Quát nous auriõs fait noſtre emplete
La porte ſeroit bien eſtroicte
Se nous ne paſſiõs iuſques au ticquet.

B.

Nectelet..

M.

Gorgias.

B.

Friquet.

M.

De vert.

B.

Touſiours quelque bouquet
Selon la ſaiſon de lannee

M.

Et de paige,

B.

Quelque naquet.

M.
Sil vient hasart en vng banquet.
B.
Le prendre entre bont & volee.
M.
Aux suruenans,
B.
Chere meslee.
M.
Aux poures duppes,
B.
La hauee.
M.
Et aux rustes,
B.
Le iobelin.
M.
Aux mignons de court,
B.
Laccollee.

BAILLEVANT.

M.
Aux gens de mesmes,
B.
La risee.
M.
Et aux ouuriers?
B.
Le pathelin.
M.
Dentretenir,
B.
Damoiselin.
M.
Et saluer,
B.
Bas comme luy.
M.
Et diuiser.
B.
Motz tous nouueaulz.

MALLEPAYE ET

M.
Pour contenter le femenyn
Nous ferions plus dung efclin
Que vng aultre de quinze Royaulx.
B.
Hee cueurs ioyeulx
M.
Hee cueurs loyaulx
B.
Preftz.
M.
Prins.
B.
Promps.
M.
Preux.
B.
Especiaulx,
M.
Aymez.

BAILLEVANT.

B.
Supportez,
M.
Bien receuz.
B.
Nous deurions paffer aux fceaulx
Enuers les officier royaulx
Comme meffieurs les defpourueuz.
M.
De congnoiffance auons affez,
B.
On nous a veuz
Si gentilz,
M.
Si netz.
B.
Si francs.
M.
Si doulx.

MALLEPAYE ET

B.
Helas cent escuz nous sont deubz
M.
Au fort si nous les eussions euz
On ne tint plus compte de nous.
B.
Nous auons faict plaisir a tous.
M
Chere adire dont venez vous.
B.
Emerillonnez.
M.
Aduenans.
B.
Cent escuz & iuger des coups
On auroit beau mettre aux deux bouz
Se ne nous tenions des gaignans.
M.
Nous sommes deux si beaulx gallans.

BAILLEVANT.

B.
Fringans.
M.
Bruyans.
B.
Allans.
M.
Parlans.
B.
Esmeuz de franche volunte.
M.
Aagez de sens,
B.
Et ieunes dans.
M.
Bien guetz.
B
Assez resceans.
M.
Poures dargent.

MALLEPAYE ET

B.
Prou de sante
M.
Chascun de nous est habite.
B.
Maison a Paris.
M
Bien monte,
Aussi bien aux champs que en la ville
B.
Il y a ceste malheurte
Que de largent que auons preste
Nous nen arions croix ne pille.
M.
Ou sont les cens & deux cens mille
Escus que nous auions en pille,
Quant chascun auoit bien du sien?
B.
Au fort ce nous nen auons mille
Nous sommes selon leu angille

BAILLEVANT.

Des bien heureulx du temps ancien.
M.
Iay masse mieulx quil nen fust rien.
B.
Trouuons en par quelque moyen.
M.
Qui en a apresent?
B.
Ie ne scay.
M.
He vng angin parisien
B.
Art Lombart.
M.
Franc praticien
Pour faire a present vng essay.
B.
Ie vis le temps que iauanssay
Largent de chose & adressay
Tel & tel & tel benefice.

MALLEPAYE ET
M
Et mais moy quant ie commence
Monseigneur tel & luy pourchasse
Moy mesmes tout seul son office.
B.
Iay este tousiours a tout propice
Mais ie crains.
M.
Et quoy?
B.
Q uauarice
Nous surprint si deuenyons riches.
M
Riches quoy, ceste faulce lisse?
Pourete nous tient en sa lisse.
B.
Cest ce qui nous faict estre chiches,
M.
Nous sommes legiers.

BAILLEVANT.

B.
Comme Biches.
M.
Rebondis.
Comme belles miches.
B.
Et frayzes
Comme beaulx ongnons
M.
Aussi coutellez,
B.
Comme chiches.
M.
Aduentureux.
B.
Comme Suysses,
A Nancy sur les
Bourguygnons.
M.
Entre les gallans

MALLEPAYE ET

B.
Compaignons,
M.
Entre les gorgias
B.
Mignons.
M
Entres gens darmes
B.
Courageux.
M.
Son barguigne.
B.
Nous barguinons.
M.
Heureulx,
B.
Comme beaulx champignons,
Mis sus en vng iour ou en deux.

BAILLEVANT.

M.
Nous sommes les aduentureux,
Despourueuz,
B.
Dargent.
M.
Planteureux,
B.
De nouuelles plaisantes:
M.
Tant.
B.
Pour seruir princes,
M.
Curieux,
B.
Et pour les mignons,
M.
Gracieulx.

MALLEPAYE ET

B.
Et pour le commum?
M.
Tant a tant.
B.
Hee monsieur de Bailleuāt
Quant reuiendra le bon temps?
M.
Quant?
Quant chascun aura ses souhais.
B.
Cent mille escus argent content,
Sur ma foy ie seroye content
Quon ne parlast plus que de paix.
M.
Nous sommes si francs,
B.
Si parfaiz,
M.
Si sçauans,

BAILLEVANT.

B.
Si caux en nos faiz,
M.
Si bien nez.
B.
Si preux.
M.
Si hardis.
B
Saiges.
M.
Subtilz.
B.
Aduisez.
M.
Mais,
B.
Faulte dargent & les grans prestz,
Nous ont vng peu appaillardis.

MALLEPAYE ET

M
Habandonnez,
B.
Comme hardis.
M
Requis,
B.
Cõme les gras mardis.
M.
Et fiers,
B.
Comme vng beau pet en baing.
M.
Iay dueil que vieulx villains tarnys
Soient dor & dargent si garnis
Et mignons en ont tant besoing.
B.
Nous auons froit.
M.
Chault.
B.

BAILLEVANT

Fain.
        M.
Soif.
        B.
Soing.
        M.
Nous tracaſſon,
        B.
Ca,
        M.
La.
        B.
Pres,
        M.
Loing.
        B.
Sans prouffit:
        M.
Sans quelque aduentaige.
        B.

f. iij.

MALLEPAYE ET

Mais si on nous sonsoit or au poing
Nous serions pour faire a vng coing
Nostre prouffit, daultruy dommaige,
Auez tousiours leritaige de Bailleuāt.
      M.
Ouy.
      B.
Ien raige
Que en Mallepaye navins, blez, grains
      M
Cent franc de rente & vng fromaige
Vous oriez dire de couraige viue le roy
      B.
Ronfflez villains.
      M.
Qui a le vent?
      B.
Ioyeulx mondains.
      M.
Gre de dames?
      B.

BAILLEVANT

Amoureux crains.
       M.
Et largent qui?
       B.
Qui plus embource.
       M.
Quesse dentre nous courtissains?
       B.
Nous prenons escus peur douzains
Franchemét, & bource pour bource.
       M.
Ha mousieur.
       B.
Sang bieu la mousse.
Ma trop cosie.
       M.
Et pourquoy?
       B.
Pource.
       M.
Hay hay,

B.
Tout est mal compasse.
M.
Comment?
B.
On ne ioue plus du pousse
Qui ne tire.
M.
Qui est la trousse
Autant vault vng arc casse.
B.
Monsieur mon pere eust amasse
Plus descu que on neust entasse
En vng hospital de vermine.
M
Mais nous auons si bien fasse
Le sang bieu que tout est passe
Gros & menu par lestamyne.
B.
Si vient guerre mort ou famine,

BAILLEVANT.

Dont dieu nous gard
Quel train, quel myne ferons nous
Pour gaigner le brouſt?
      M.
Quant eſt a moy ie me determine
Dentrer chez voiſin & voiſine
Et daller veoir ce le pot bout.
      B.
Mais regardons a peu de couſtz
Quel train nous viendroit mieulx a
   gouſt,
Pour amaſſer biens & honneurs.
      M.
Le meilleur eſt prendre par tout.
      B.
De rendre quoy?
      M.
On ſen abſoult
Pour cinq ſolz a ces pardonneurs.

B.
Allons seruir quelques seigneurs.
M.
Aucuns font si petitz dhonneurs
Que on nya que peine & meschance.
B.
Et prouffit quel?
M.
Selon les eurs,
Mais entre nous fins estradeurs,
Il nous fault esplucher la chance.
B.
Seruons marchans.
M
Pour la pitance
Pour fructus ventris, pour la pence,
On y gaigneroit ces despens.
B.
Et de fouffer?
M.
Bonne asseurance.

BAILLEVANT.
Petite foy, large confcience,
Tu ny fcez riens & y aprens.
   B.
De proces quoy?
   M.
Si ie ny rens
Ie veulx eftre mis fur les renez
Silz ont argent fi ie nen crocque.
   B.
Quelz gens font ce?
   M.
Gros marchefens,
Qui fe font bien feruir des gens
Mais de payer querez qui bloque.
   B.
Officiers quoy?ceft toute mocque,
Lung pourchaffe lautre defroque
Et femble que tout foit pour eulx.
   M.
Laiffons les la.

B.
Ho ie ny tocque
Il nest point de pire defroque
Que de malheur a malheureux.
M.
Pour defpourueuz aduentureux
Comme nous encor cest le mieulx
De faire lost & les gens darmes.
B.
En fuitte ie suis couraigeux.
M.
Et a frapper?
B
Ie suis piteux.
Ie crains trop les coups pour les car-
M.   (mes.
Seruons donc cordeliers ou carmes
Et prenons leurs bissatz a fermes,
Car il ny a pas grant debit.

BAILLEVANT.
B.
Il nous prescheroiēt en beaulx termes
Et pleureroyent maintes lermes
Deuant que nous prinssions labit.
M.
Se en ceste malheure & labit
Nous mourions par quelque acabit,
Ame ny a qui bien nous face.
B.
Iay vng vieil harnoys quon forbit
Sur lequel ie fonde vng aubit
Et du surplus dieu le parface.
M.
Hee fault il que fortune efface
Nostre bon bruyt.
B.
Malheur nous chasse,
Mais il na nul bien qui nendure.
M.
Prenons quelque train.

MALLEPAYE ET

B.
Suyuons traffe.
M
Nous traffons
Et quelqung nous traffe,
A loups rauis groffe pafture.
B.
Allons.
M.
Mais ou?
B.
A lauenture
M.
Qui nous admonefte?
B.
Nature.
M.
Pour aller?
B.
Ou on nous attend.

BAILLEVANT.
M.
Par quel chemin?
B.
Par soing ou cure.
M.
Logez ou?
B.
Pres de la clousture
De monsieur Dangouleuent.
M.
Comment yrons nous?
B.
Iusques a claquedent
Et passerons par Mallepaye.
M.
Brief cest le plus expedient
Que nous gettons la plume au vent,
Qui ne peult mordre si abaye.
B.
Ou vng franc couraige semploye

MALLEPAYE ET

Il treuue a gaigner.
M.
Querons proye.
B.
Desquelz serons nous?
M.
Des plus fors.
B.
Il ne men chault mais que ien aye,
Que la plume au vent on enuoye.
M.
Puis apres?
B.
Alors comme alors.
M.
La plume au vent,
B.
Sus,
M.
La,

BAILLEVANT.

B.
Dehors.
M.
Au hault & au loing.
B.
Corps pour corps
Ie me tiendray des mieulx venuz.
M.
On nyra point quant ferons mors
Demander au roy les tresors
De messieurs les despourueux
La plume au vent.
B.
Ie le concluz
Pour les poures de ceste annee.
M.
Ne demourons plus si confuz,
Au grat la terre est degelee.
B.
Allons.

MALLEPAYE

M.
Suyuons quelque trainee
Ou faisons cy demouree.
B.
Deuant.
M.
Vostre fieure est tremblee,
Car nous sommes tous estourdis.
B.
Dieu doint aux riches
Riche & bonne annee
M.
Aux despourueuz,
B.
Grasse iournee.
M.
Et aux femmes
Pesant maritz,
Prenez en gre grans & petitz.

CE PRESENT LIVRE
a este acheue de imprimer a Paris Le
xx. iour de Iuillet. M. V. C. XXXII.
pour Galliot du Pre, Libraire iure de
Luniuersité de Paris.

www.ingramcontent.com/pod-product-compliance
Lightning Source LLC
Chambersburg PA
CBHW070536160426
43199CB00014B/2272